Umberto Eco
Gesammelte Streichholzbriefe

Aus dem Italienischen von
Burkhart Kroeber

Deutscher Taschenbuch Verlag

Diese Texte entstanden für die Kolumne ›Bustine di Minerva‹
in der italienischen Wochenzeitschrift ›L'Espresso‹,
die von der ›Zeit‹ teilweise abgedruckt wurde.

Ungekürzte Ausgabe
Juni 2002
2. Auflage Februar 2003
Deutscher Taschenbuch Verlag GmbH & Co. KG,
München
www.dtv.de
© 1990/1995 Umberto Eco
© 1990/1995 der deutschsprachigen Ausgabe:
Carl Hanser Verlag, München · Wien
Umschlagkonzept: Balk & Brumshagen
Umschlagbild: © Tullio Pericoli
Gesamtherstellung: Druckerei C. H. Beck, Nördlingen
Gedruckt auf säurefreiem, chlorfrei gebleichtem Papier
Printed in Germany · ISBN 3-423-12970-0

Inhalt

Eine Zukunft für das Buch	7
Mißtrauen tut gut	11
Kauft nicht diesen Whisky!	15
Das Schöne daran, es ist live	20
Eine Palette von Grautönen	24
Auch die Bären sind böse	28
Schulen des Lebens	32
Lector in fabula	36
Das Metier des Denkens	40
Allzu intelligent, quasi blöd	44
Ratschlag an junge Autoren	49
Jedem sein Kreuz	53
Die Schrecken des Jahrhunderts	58
Speisen im Flugzeug	62
Das alte Buch und das Meer	66
Das Buch, ein technisch vollendetes Meisterwerk	71
Wie oft sind Sie schon aus dem Fenster gefallen?	76
In Disneyland fliege ich wie Peter Pan	81
Luzifer unterwegs in Amerika	85
Mailand-Bologna, ein Irrer fährt auf der Autobahn	90
Wer hat Proust, Flaubert und all die anderen abgelehnt?	94

Mit Proust auf ein Neues und Molly in Casablanca	98
Pokerspiel mit dem Sein	102
Mein lieber Interviewer, ich bin nicht der, den du suchst	106
Bombennachricht: Die Buchmesse ist in der Krise!	111
Präzisierungen für meine Leser	115

Eine Zukunft für das Buch

Vor einiger Zeit hat in Amsterdam ein Kongreß zum Thema Bücher und Alphabetismus stattgefunden. Beteiligt waren die niederländische Regierung, die EG, Verleger und Erzieher aus verschiedenen Ländern. Es wurde erörtert, wie man Übersetzungen fördern und wie man das gedruckte Buch vor dem Angriff der elektronischen Medien schützen kann, es wurden Probleme des Marktes behandelt (kürzlich hat sich eine europäische Verlegervereinigung konstituiert, um zu erreichen, daß Bücher innerhalb des Gemeinsamen Marktes von der Mehrwertsteuer befreit werden).

Um einen Eröffnungsvortrag gebeten, nahm ich an, daß alle wahrscheinlich von mir eine feurige Anklage unserer Zivilisation erwarteten, in der das Bild, wie man meint, die Schrift zerstöre. Es war also meine Pflicht zu betonen, daß es sich bei dieser Meinung um eine verschrobene Idee gewisser Intellektueller handelt, deren Kinder den ganzen Tag vor der Mattscheibe hockend verblöden (aber aus genetischen Gründen). Statistisch betrachtet ist mit dem Aufkommen der sogenannten Zivilisation des Bildes die Menge an bedrucktem Papier gestiegen. Es gibt wenig daran herumzudeuteln: Heute lesen die Leute mehr als in den fünfziger Jahren. Und fragen wir nicht, was sie lesen, in Fragen der Massenalphabetisierung geht es zunächst einmal überhaupt ums Lesen, die Frage der Qualität kommt erst dann. Und schließlich, auch dies ist eine Gegebenheit: Die mit Computern aufwachsende Generation gewöhnt sich daran, auf dem Bildschirm Wörter zu lesen und nicht Bilder zu betrachten, und zum Programmieren muß sie lernen, logische und lineare Abläufe zu verfolgen, die typisch für die Zivilisation des Alphabets sind. Wir kehren zurück in die Gutenberg-Galaxie.

In forciertem Optimismus könnte man sagen, daß der Computer intellektuelle Bedürfnisse weckt, die er dann nicht von sich aus befriedigen kann. Es könnte sein, daß er eine Generation erzeugt, die sich zunächst elektronisch alphabetisiert und dann das Bedürfnis verspürt, ihr Verhältnis zum Lesen entspannter und »innengeleiteter« fortzusetzen, nämlich indem sie ein Buch zur Hand nimmt. Nur als Einstiegsgedanke: Um die Fernsehbilder betrachten zu lernen, helfen die Bücher nicht viel, aber um zu lernen, wie man mit einem Computer umgeht, muß man die Handbücher lesen. Bedenken wir gut, was das heißt.

Dies vorausgeschickt, habe ich dann eher pessimistische Überlegungen angestellt, und es schien mir richtig zu sagen, daß die wahren Bedrohungen, denen die Zivilisation des Buches ausgesetzt ist, aus dem Buch selber kommen. Zunächst und vor allem die Tragödie der Quantität: Viele Bücher bedeuten viele Ideen, aber zu viele Bücher verwirren die Ideen, da man nicht mehr weiß, wo man anfangen und wie man auswählen soll. Aus ökonomischen Gründen eliminiert der Buchhändler (und inzwischen auch der Verleger) die einen, um Platz für die anderen zu machen, und bei dieser Dezimierung überleben nicht notwendigerweise die besten.

Die zweite Gefahr ist, daß die verschiedenen Technologien der Schrift einander bekämpfen. Die Industrie der Fotokopierapparate ermöglicht es, Bücher für wenig Geld zu kopieren (und folglich zu lesen), aber das treibt die Verlage in die Krise, auf die sie im Grenzfall damit reagieren, daß sie prohibitive Preise für bestimmte wissenschaftliche Bücher verlangen, die dann zwar von allen kopiert, aber nur von den großen Bibliotheken gekauft werden. Zudem verführt die Leichtigkeit des Kopierens dazu, die Bibliotheken nicht mehr als Stätten des Lesens (und des Notizenschreibens) zu gebrauchen, sondern als Reviere für Jagden, von denen man zufrieden über die reiche Beute heimkehrt. So zufrieden, daß man am Ende die erbeuteten Fotokopien gar nicht mehr liest.

Die Folge ist, daß man aus lauter Gefräßigkeit viele Bäume umsonst sterben läßt. Aber die Bäume rächen sich, und zwar auf eine Weise, die ich schon andernorts mehrfach besprochen habe: Bücher, die aus Holz gemacht werden (anstatt aus Lumpen), zerfallen in sechzig bis siebzig Jahren. Und alle Mittel, um dieser Mißlichkeit zu begegnen (chemische Konservierung, Mikrofilm, ständiger Nachdruck), implizieren eine Selektion, bei der nichts garantiert, daß sie die richtige ist.

Letzte Gefahr: Die Dritte Welt ist dabei, ihren Analphabetismus zu überwinden, aber das heißt nicht, daß sie sich allzu viele Bücher leisten kann. Der Dritten Welt müssen die Bücher geschenkt werden. Wer wird sie ihr schenken? Wer reich genug ist. Dieser Tage ist bei Mondadori eine aktualisierte Fassung von Furio Colombos Untersuchung ›Der Gott Amerikas‹ erschienen, aus der ein besorgniserregendes Bild jener fürchterlichen fundamentalistischen US-Vereinigungen hervorgeht, die sich aufgemacht haben, Lateinamerika zu erobern. Welche Bücher werden die Kinder der Savannen lesen? Machen wir uns nichts vor: Ob nun die Auswahl der Oberste Sowjet trifft oder das Opus Dei oder einer wie ich, das Problem bleibt dasselbe. Zumindest solange nicht alle mithelfen, so daß die Vielzahl der Filter die Gefahr ideologischer Monopole verringert.

Mißtrauen tut gut

Neulich fand ich die Zeit zur Durchsicht der mich betreffenden Presseausschnitte des letzten Jahres. Außer Buchbesprechungen und Polemiken entnahm ich der Sammlung, daß ich im Laufe des Jahres an einer Unzahl von Tagungen, Kongressen, Symposien und Podiumsdiskussionen teilgenommen hatte, manche davon am selben Tag in weit voneinander entfernten Städten, unter anderem an einer nichtöffentlichen Diskussion über Sexualität, einer über das Recht der Kranken und einer Vortragsreihe mit Alberto Sordi. Ein Blatt aus Lecce meldete groß, ich hätte einen Vortrag über Donald Duck gehalten, indes der Artikel darunter beklagte, daß ich keine Vorträge über Donald Duck hielte. Einige Artikel werfen mir vor, ich nähme an zu vielen Kongressen teil, einer bemängelt jedoch mein Fehlen auf einem bestimmten Kongreß und beschuldigt mich der Arroganz.

Das Geheimnis der vielen Kongresse erklärt sich durch die simple Tatsache, daß die Veranstalter (die oft an Provinzialismus leiden) der Presse nicht die Liste der Teilnehmer geben, sondern die Liste der Eingeladenen. Was mich an den gewichtigen Band von Giulio Ser-Giacomi erinnert, der die Korrespondenz des Autors mit Einstein und

Pius XII. enthielt: Es handelte sich um seine gesammelten Briefe an die beiden illustren Adressaten, die nie geantwortet hatten.

Journalisten sehen sich eher an jenen Helden von Pitigrilli erinnert, der eine dramatische Reportage über eine Hinrichtung schreibt, die in Wahrheit verschoben worden ist, oder an Pitigrilli selbst, der einen nicht gehaltenen Vortrag besprach. Es empfiehlt sich jedoch zu bedenken, daß Pitigrilli wie auch sein Held daraufhin entlassen wurden. Andere Zeiten.

Außerdem hatte ich, wie es schien, auch zahlreiche Interviews gegeben, die in Wahrheit zum Beispiel aus dem Manuskript eines meiner wenigen Tagungsbeiträge kompiliert worden waren. Ein Artikel mokierte sich über meine zu große Interviewfreudigkeit, ein anderer warf mir Starallüren vor, weil ich ein Interview abgelehnt hatte.

Ferner entnahm ich den Pressenotizen, ich hätte ein Theaterstück für Pippo Franco geschrieben, eine Sammlung von Studentenliedern herausgegeben, einen Roman über Mozart und eine Abhandlung über die TV-Show ›Quelli della notte‹ verfaßt, ich sei Berater einer Textilfirma gewesen, hätte mich an den Jubelfeiern einer Champagnermarke beteiligt, hätte die Qualitäten des Sangiovinese gerühmt (ich, dem schon beim Geruch von Rotwein übel wird), hätte einen Leserbrief an das Comic-Magazin ›Linus‹ geschickt, unterzeichnet mit »eine Hausfrau aus Voghera«, und hätte das Treatment für den Film ›Als die Frauen noch Schwänze hatten‹ geschrieben (ein schwacher Moment des sonst trefflichen, leider vor kurzem verstorbenen Pasquale Festa Campanile).

Gewisse Meldungen, fand ich heraus, entstehen ganz einfach dadurch, daß ein Witzbold in einem Wochenblatt diversen Leuten parodierte Erklärungen unterschiebt, die dann von anderen Gazetten übernommen werden, als seien sie wahr.

Ich fand auch Meldungen, denen zufolge ich Vorwörter zu diversen Sonntagsautoren geschrieben hatte. In einem Fall ging ich der Sache bis an die Quelle nach und entdeckte, daß der betreffende Autor (der Fall ist nicht selten) als Vorwort zu seinem Buch meinen höflich bedauernden Absagebrief veröffentlicht hatte. Der zuständige Redakteur hatte nur die vom Autor verbreitete Pressemitteilung gelesen.

Vor fünfzehn Jahren hat man gesagt, auch wenn die Amerikaner damals nicht auf dem Mond gelandet wären, wär's dasselbe gewesen, die bloße TV-Übertragung hätte genügt. Heute sind wir schon viel weiter. Die Übertragung ist gar nicht mehr nötig. Es genügt die bloße Pressemitteilung. Die Meldung erzeugt nicht mehr das Ereignis, die Meldung erzeugt die Meldung: absoluter Idealismus.

Bliebe mithin nur, die Lehrer und Eltern aufzufordern, den Kindern zu erklären, daß alles falsch ist, was in den Zeitungen steht, einschließlich dieses Streichholzbriefes. Doch gerade erst vor ein paar Wochen hatte ich geschrieben, daß viele Mitbürger, hätten sie nur auf die Presse gehört, nicht an Methanolvergiftung gestorben wären. Also was nun? Ich erinnere mich an eine Episode mit meiner Tochter, als sie noch sehr klein war. Sie sah sich gerade die Werbung im Fernsehen an, die behauptete, daß ein bestimmtes Waschmittel besser sei als die anderen, und ich (pädagogisch und demokratisch) sagte: »Glaub das nicht, das Fernsehen lügt.« Dann kamen die Abendnachrichten und brachten die Meldung, daß es in Turin geschneit hatte, und meine Tochter sagte: »Das ist gelogen, stimmt's?« Ich mußte ihr also erklären, daß zwar die Werbung im Fernsehen lügt, aber die Nachrichten schon die Wahrheit sagten. Gleich darauf wurde mir bewußt, daß diese Erklärung im Widerspruch zu allen meinen Prinzipien stand, und ich präzisierte, daß die Nachrichten *diesmal* die Wahrheit sagten, aber nicht immer. Das arme Kind wußte nicht mehr, wann es dem Fernsehen glauben durfte und wann nicht ... Dies, glaube ich, ist das Drama jeder auch nur minimalen Erziehung zum richtigen Umgang mit den Massenmedien.

Kauft nicht diesen Whisky!

Außerdem hängt der Musik ein gewisser Mangel der Urbanität an, daß sie, vornehmlich nach Beschaffenheit ihrer Instrumente, ihren Einfluß weiter, als man ihn verlangt (auf die Nachbarschaft), ausbreitet, und so sich gleichsam aufdrängt, mithin der Freiheit andrer, außer der musikalischen Gesellschaft, Abbruch tut; welches die Künste, die zu den Augen reden, nicht tun, indem man seine Augen nur wegwenden darf, wenn man ihren Einfluß nicht einlassen will. Es ist hiermit fast so wie mit der Ergötzung durch einen sich weit ausbreitenden Geruch bewandt. Der, welcher sein parfümiertes Schnupftuch aus der Tasche zieht, traktiert alle um und neben sich wider ihren Willen …«

Unter dem Aspekt einer Klassifizierung der schönen Künste ist dies gewiß eine Platitüde. Aus ethischer und psychologischer Sicht ist es jedoch eine große Wahrheit. Wer musiziert, stört den, der es nicht hören will. Der Autor dieser so banalen wie fulguranten Wahrheit ist Immanuel Kant (›Kritik der Urteilskraft‹, Analytik des Erhabenen, § 53).

Lassen wir die Musik für heute auf sich beruhen und wenden wir den Gedanken einmal auf die Werbung an. Ich bin nicht der Ansicht, daß Werbung an sich etwas Schlechtes ist, auch kein infames Komplott der multinationalen Konzerne. Die Händler im alten Piräus, zur Zeit des Perikles, schrien lauthals auf der Straße, daß ihr Samos-Wein besser als andere sei. Wenn jemand produziert, um zu verkaufen, sieht er sich gehalten, sein Produkt anzupreisen (»Äpfel, schöne Apfel!«). Die Technik ändert sich mit den Zeiten: Solange man nur auf der Straße schreien konnte, schrie man auf der Straße; wenn man sein Produkt in den Zeitungen und im Fernsehen anpreisen kann, tut man es eben dort. Verwerflich sind nur die bewußten Lügner, jene mithin, die behaupten, das Produkt X enthalte die Substanz Y, während chemisch davon keine Rede sein kann.

Aber wir leben heute in einer Zeit, in welcher die Werbung Anschläge auf unser Privatleben verübt, und daher müssen wir uns verteidigen. Es ist nichts Schlimmes dabei, wenn einer erklärt: »›Jippie‹-Eis mundet köstlich«, doch gesetzt, es würde ein Herr in mein Schlafzimmer eindringen, um mir dies zu versichern, während ich gerade beim Liebesspiel bin, so hätte ich sehr wohl das Recht, ihn aus dem Fenster zu werfen. Nun ist es mit der Werbung inzwischen so bewandt, daß zu viele Herren in unsere Schlafzimmer eindringen.

Unterscheiden wir also zwischen einer Werbung, die unsere Freiheit respektiert, und einer, die sich uns schamlos aufdrängt. Die Werbung in den Zeitungen ist den visuellen Künsten bei Kant vergleichbar. Sie macht sich exzessiv breit, aber man kann sie, wenn man die Zeitung liest, überspringen. Später, wenn man sich's anders überlegt hat und wissen will, welche Autos oder Schuhe gerade im Handel sind, geht man hin und blättert die Zeitungen der vergangenen Woche durch. Respektlos und aufdringlich dagegen ist die Werbung im Fernsehen, die mitten in einen Film hineinplatzt, wenn er gerade am spannendsten ist, und jene, die mich zwingt, eine halbe Stunde im Kino abzusitzen, um zu erfahren, daß ich das tolle Möbelhaus »Wisent« in fünf Autominuten erreichen kann. Deswegen gehe ich nicht mehr ins Kino. Aber ich schaffe es nicht, auf das Fernsehen zu verzichten. Darum pflege ich, da ich mich schon nicht wehren kann, mich zu rächen.

Wenn mein Film durch den Hinweis unterbrochen wird, daß die Zahnpasta »Blix« ein Zeug namens Tetrafluoren enthält, kaufe ich mir das nächste Mal, wenn ich Zahnpasta brauche, ein anderes Fabrikat. Ich habe mich darauf eingestellt, nur noch ganz unbekannte Zahnpasten zu benutzen, oder solche, deren Werbung es nicht vermocht hat, mir die Marke ins Gedächtnis zu hämmern, die ich nach »ihrem« Willen bevorzugen soll – aber ich habe trotzdem gesunde Zähne. In Rage bringen mich jene Autobahnraststättenetablissements, die man betritt, um einen Kaffee zu trinken oder um seine Notdurft zu verrichten, und die man erst wieder verlassen kann, nachdem man einen kilometerlangen Weg zwischen Regalen voll begehrenswerter einheimischer Salami und japanischer Roboter hinter sich hat. In jedem anständigen Laden heißt Freiheit, daß man dort hinausgehen kann, wo man hineingegangen ist. Prinzipiell halte ich an jenen Raststätten nur, um meine Notdurft zu verrichten, und auch nur, wenn es wirklich dringend ist. Aber den Kaffee, die Zigaretten und die Karamelbonbons kaufe ich erst in der nächsten Raststätte. Ich verliere dadurch zehn Minuten, aber ich bestrafe den, der mir seinen Willen aufzudrängen versucht hat.

Und wenn das nun alle täten? Jawohl, liebe Leser, Freunde, Römer, Landsleute, hört mir zu! Fangt alle an, die Fabrikate aufzulisten, die euch am besten im Gedächtnis haften. Es sind diejenigen, die euch am meisten gestört haben, als ihr gerade sehen wolltet, wie der Held seine Heldin küßt oder wie der mysteriöse Würger sein letztes Verbrechen begeht. Prägt euch die Fabrikate gut ein und kauft sie nicht. Erinnert ihr euch aus mysteriösen Gründen, daß »Brigg's« Whisky ein »blend« aus feinsten uralten Scotch-Sorten ist? Es ist das Zeichen, daß »Brigg's« euch genau in dem Augenblick gestört hat, als die Siebente Kavallerieschwadron eintraf, um Fort Apache zu befreien. Kauft euch einen anderen Whisky, einer taugt soviel wie der andere. Machen wir's alle so. Die Leser des ›L'Espresso‹ sind nach den letzten Umfragen durchschnittlich etwa zwei Millionen siebenhunderttausend (und die der ›Zeit‹ noch einmal gut anderthalb Millionen). Würden sie alle diesen meinen Appell befolgen, hätten »Blix«-Zahnpasta und »Brigg's« Whisky ziemlich bald ernste Probleme.

Das Schöne daran, es ist live

Diesen Sommer war ich in Siena und habe mir zum erstenmal den Palio angesehen. Der Palio ist jenes große Spektakel, das mittlerweile fast jeder kennt, ich will mich hier nicht über seine Szenerie verbreiten, über seine Dramatik und über den Umstand, daß sein zentrales Ereignis, das Pferderennen auf der Piazza del Campo, Zielpunkt endloser Vorbereitungen, langgehegter Erwartungen und aufs höchste gesteigerter Spannung, nach kaum zwei Minuten wilden Galopps vorbei ist. Ich möchte vielmehr über einen Satz sprechen, den ich eine Touristin im Gespräch mit Freunden sagen hörte, nämlich: »Das Schöne daran, es ist live.«

Ein vorgefertigter Satz, die Leute sagen ihn, weil sie ihn im Fernsehen gehört haben, sie kennen ihn aus der Werbung im Fernsehen und aus den Zeitungen, die über das Fernsehen schreiben. Das ist normal. Das Interessante daran ist, daß die Leute Live-Sendungen schön und aufregend finden, heute, wo es so gut wie keine Live-Sendung mehr gibt. Als es noch welche gab, wurden sie nicht als solche erkannt.

Ich will erklären, was ich meine. Zu Anfang, während der ganzen fünfziger Jahre, brachte das Fernsehen alles live, ausgenommen einige wenige Spielfilme. Man brachte die Debatten live, die Nachrichten, die Modenschauen, die Varieté-Übertragungen, den ›Hamlet‹ und sogar die Opern, und wenn es eine Aufführung der ›Aida‹ mit Elefanten war, brauchte man kräftige Männer, die die Dickhäuter in den Kulissen festhielten, damit sie nicht im falschen Moment auf die Bühne kamen. Im falschen Moment auf die Bühne kamen die Giraffen, aber die waren keine Tiere, sondern langhalsige Mikrophone, die oben durchs Studio manövriert wurden, in permanenter panikartiger Angst, daß sie »ins Bild kommen« könnten. Wenn die Giraffe ins Bild kam, dann - so dachte man damals ein bißchen widersprüchlich – bemerkten die Leute das Artifizielle.

Erst später begriff man, daß die Giraffen ins Bild kommen mußten, damit die Leute den Eindruck von Spontaneität hatten, auch wenn es sich um Artifizielles handelte. Damals war alles dramatisch und authentisch, die Sendungen über Kunst zeigten serienweise Gemälde und Monumente, aber in Wirklichkeit war es ein Stapel von Reproduktionen auf einem Pult, die der Reihe nach vor der Kamera weggezogen wurden, und manchmal kam es vor, daß alle zugleich herunterfielen, und alle im Studio fluchten wie die Sarazenen. Es war live, als der Staatspräsident

Gronchi in der Oper vom Stuhl fiel, und es war live, als die Komiker Vianello und Tognazzi sich darüber so amüsierten, daß niemand es fertigbrachte, sie rechtzeitig zum Schweigen zu bringen. Die Aufzeichnungstechniken waren noch sehr primitiv, und eine aufgezeichnete Sendung war einfach zu häßlich. Aber das wußten die Leute nicht. Das Fernsehen war ein magischer Kasten, der von einer fernen Welt erzählte, in der es noch schwierig war, zwischen Wirklichkeit und Phantasie zu unterscheiden. Mit der Zeit hat sich das Fernsehen dann verbessert, hat exzellente Aufzeichnungstechniken entwickelt und im gleichen Zuge erkannt, daß die Live-Wiedergabe unzuverlässig, unbeholfen und mühsam ist und daher einigen wenigen sehr dramatischen Ereignissen vorbehalten bleiben muß. Im übrigen werden die Unterhaltungs- und Kultursendungen besser, wenn man sie in Ruhe und ohne riskante Improvisationen zusammenmontiert.

Schließlich hat dann aber jemand entdeckt, daß eine Unterhaltungssendung lebendiger werden kann, wenn man sie live ausstrahlt, und so wurden manche Sendungen als eine exzeptionelle *tour de force* angekündigt (was sie tatsächlich sind), weshalb nun das Publikum – das von sich aus nicht zwischen einer Live-Sendung und einer Aufzeichnung unterscheiden kann –, live für etwas besonders Schönes hält.

Tatsächlich sieht dieses Publikum hierzulande nur sehr wenige Sendungen live, nur auf den Kanälen der ›RAI‹ und nur in seltenen Fällen. Aber es hat das Prinzip internalisiert, daß alles, was schön ist, live sei. Und so, wie man die Kunst vergangener Zeiten privilegiert, von der uns nur wenige Überreste geblieben sind, so privilegiert man heute die Live-Sendungen wegen ihrer Seltenheit.

Die Palio-Touristin habe ich noch am selben Abend wiedergesehen, in einem Lokal vor einem Fernseher, wo sie sich gierig die verschiedenen Phasen des säuberlich aufgezeichneten Palio ansah, und da genoß sie endlich die Realität, denn nun sah sie vom Palio viel mehr als am Nachmittag auf der Piazza. Wir sind immer unzufrieden darüber, daß unsere Augen die Dinge live sehen, denn auf diese Weise sehen sie alles nur aus einer einzigen Perspektive und viel zu schnell, während es eben das Schöne am Fernsehen ist, daß es uns die Dinge aus allen Perspektiven zeigt, und sogar in Zeitlupe.

Meine Touristin hatte an jenem Abend, alles in allem, mehr Realität. Das ist das Schöne an der Aufzeichnung. Aber ich bin sicher, wenn ich sie gefragt hätte, ob ihr gefalle, was sie da im Fernsehen sah, hätte sie mir geantwortet: »Ja, denn es ist live.«

Eine Palette von Grautönen

Modell Nr. 1: die Zeitung eines autoritären Landes, in der nur geschrieben wird, was die Regierung will, und in der die Meinung des Chefs die Meinung der Redakteure bestimmt (»Manchmal lese ich den Leitartikel in meiner Zeitung, um zu wissen, was mein Chef von der Sache hält und was daher meine ehrliche und spontane politische Überzeugung sein muß« – Pitigrilli, zwanziger Jahre). Modell Nr. 2: die demokratische Zeitung, in der man Dissens äußern kann.

Vor einigen Wochen stand im ›Corriere della sera‹ ein Leitartikel von Piero Ostellino, dem Chef des Blattes, in dem er bestimmte Meinungen über die siebziger Jahre äußerte. Daraufhin schickte der Kolumnist De Rita einen Artikel, in dem er schrieb, wenn Übereinstimmung mit den Ansichten des Direktors die Bedingung für die Mitarbeit an einer Zeitung wäre, müßte er auf der Stelle kündigen. Dann formulierte er seinen Dissens und wurde gedruckt. In den nächsten Tagen folgten diverse Artikel anderer Kommentatoren. Es war ein exemplarischer Fall von demokratischer Debatte. Ich möchte nicht mißverstanden werden, ich meine das hier nicht ironisch. Wenn ich Ostellino gewesen wäre, hätte ich

De Ritas Artikel gedruckt, und wenn ich De Rita gewesen wäre, hätte ich die Pressefreiheit genutzt, um meinen Dissens auszudrücken. Ich spreche von einem System, das ich billige und das meine Zustimmung findet.

Die Leitartikel von Giovanni Valentini, dem Herausgeber des ›L'Espresso‹, lese ich stets mit Interesse und finde sie abgewogen. Aber wenn ich in einem Streichholzbrief behaupten würde, daß Valentini Schwachsinn verzapft, würde er mich sofort drucken. Nicht weil er überzeugt wäre, daß ich recht hätte und er unrecht, sondern weil er seine Moral als Herausgeber mit einer liberalen Haltung festigen würde. Ich bin froh, daß ich nicht in Moskau lebe und schreibe.

Dennoch empfinde ich ein gewisses Unbehagen, das ich nicht genau definieren kann. Der Mensch hat angesichts der Probleme des Lebens den Wunsch, sofort zu wissen, ob sie schwarz oder weiß sind. Muß ich bremsen, wenn ich auf der Autobahn einen Lastzug vor mir habe, oder kann ich mit Vollgas weiterrasen? Wir sind überzeugt, daß in solchen Fällen die Wahrheit schwarz oder weiß ist. Aber das gesamte abendländische Wissen lehrt uns (und das ist seine Größe), daß es nie reine Schwarzweiß-Situationen gibt. Alles ist, in verschiedenen Abstufungen, grau. Wenn man aus den platonischen Dialogen (und der sokratischen Methode) etwas lernen muß, dann dies. Weisheit ist begreifen, daß man nicht weiß, ob etwas schwarz oder weiß ist.

Allerdings wurden die Dialoge Platons von einer Minderheit gelesen, und die Leser der Zeitungen sind eine Mehrheit (noch nicht ganz, aber mehr als früher). Und diese Mehrheit wüßte gern, ob die Dinge schwarz oder weiß sind. Wie tröstlich waren die fünfziger Jahre! Wer damals ›L'Unità‹ las, erfuhr, daß die fragliche Sache weiß (oder rot) war, und wer ›Il Popolo‹ las, erfuhr, daß sie schwarz (oder weiß) war. Man wußte, was man zu denken hatte.

Heute, wo die Zeitungen widersprüchliche Meinungen drucken, besteht die Gefahr, daß die Leser sich nicht mehr dafür interessieren, ob etwas schwarz oder weiß ist. Man denke nur an den Unterschied zwischen einer Diskussion all'italiana und einer nach amerikanischem Brauch. Die Italiener unterbrechen sich gegenseitig, jeder ereifert sich und versucht, die eigene Meinung durchzusetzen, indem er den anderen am Sprechen hindert und ihm beweist, daß er ein Faschist beziehungsweise ein Kommunist ist. Die Amerikaner sprechen der Reihe nach (nicht zufällig ist die sprachpragmatische Theorie der »conversation turns« in den Vereinigten Staaten entstanden, und die italienischen Forscher, die Aufsätze über dieses Thema schreiben, behandeln es wie ein Fundstück vom Mars), jeder trägt seine

Meinung vor und sagt zum anderen (den er für einen Idioten hält): »Ich verstehe durchaus Ihren Standpunkt ...« Schlag neun hören alle auf und gehen nach Hause.

Welche Lösung ist demokratischer? Ich würde mir wünschen, daß alle Italiener lernten, wie die Amerikaner zu diskutieren, aber daß auch die Amerikaner ein bißchen lernten, wie die Italiener zu diskutieren. Und was machen wir mit der Presse? Ich wiederhole, wenn ich wählen muß, bin ich für das Modell Nr. 2. Aber ich fürchte, es taugt nur für eine Minderheit. Ich bin nicht so paternalistisch zu meinen, die Mehrheit müsse mit dem Modell Nr. 1 abgespeist werden. Also was nun? Das Ganze ist ein Problem der Erziehung, der Schulung, ein langwieriger Prozeß. Ich betreibe hier keineswegs Xenophilie: Der amerikanische Durchschnittsbürger, gewöhnt an wohlerzogenen Dissens, glaubt an nichts mehr. Was mir vorschwebt, ist ein Bürger, der, zum Dissens erzogen, gelernt hat, die Zeitungen als Meinungsträger zu behandeln, nicht als Quellen der Wahrheit, und der mit dem eigenen Kopf zu denken versteht. Ich glaube, es wird noch Jahrhunderte dauern, bis die Menschheit sich an die Einsicht gewöhnt, daß schwarz und weiß nicht in der Natur vorkommen und daß die ganze Welt eine Palette von Grautönen ist.

Auch die Bären sind böse

Central Park, zoologischer Garten. Einige Kinder spielen beim Becken der Eisbären. Einer der Jungen fordert die anderen heraus, ins Becken zu springen und zwischen den Bären hindurchzuschwimmen; um die Freunde ins Wasser zu treiben, versteckt er ihnen die Kleider, die Jungs tauchen ein, plantschen um einen friedlich dösenden riesigen Bären herum, necken und foppen ihn, der Bär wird ärgerlich, hebt eine Tatze und verschlingt oder vielmehr zerfleischt zwei Kinder, die Reste läßt er zerstückelt liegen. Die Polizei kommt herbeigeeilt, sogar der Bürgermeister erscheint, man diskutiert, ob der Bär getötet werden muß, man gibt zu, daß es nicht seine Schuld war, es werden ein paar eindrucksvolle Artikel geschrieben. Sieh da, die Kinder hatten spanische Namen: Puertoricaner also, womöglich dunkelhäutige, vielleicht vor kurzem erst angekommen, jedenfalls erpicht auf Bravourstücke, wie es bei allen Jugendlichen vorkommt, die sich in den Armenvierteln zu Banden zusammenrotten.

Diverse Kommentare, alle eher streng. Recht verbreitet die zynische Reaktion, zumindest verbal: natürliche Auslese, wenn die so blöd waren, neben einem Bären zu schwimmen, geschieht's ihnen recht, ich wäre nicht mal als Fünfjähriger in das Becken gesprungen. Soziale Interpretation: große Armut, geringe Bildung, leider ist man Subproletarier auch im Mangel an Vorsicht und Besonnenheit ... Aber wieso geringe Bildung, was heißt hier Mangel an Erziehung, wenn auch das ärmste Kind heute fernsieht und die Schulbücher liest, in denen die Bären Menschen fressen und von den Jägern getötet werden?

An diesem Punkt habe ich mich gefragt, ob die Kinder nicht gerade deshalb ins Becken gesprungen sind, weil sie dem Fernsehen glaubten und zur Schule gingen. Vermutlich sind sie Opfer unseres schlechten Gewissens geworden, wie es von Schule und Massenmedien interpretiert wird.

Die Menschen waren seit jeher grausam zu den Tieren, und als sie sich ihrer Niedertracht bewußt wurden, haben sie angefangen, wenn nicht alle Tiere zu lieben (denn sie fahren unbeirrt fort, sie zu verspeisen), so doch wenigstens gut über sie zu sprechen. Bedenkt man zudem, daß die Medien, die Schule, die öffentlichen Institutionen sich vieles vergeben lassen müssen, was sie den Menschen angetan haben, so wird es alles in allem lohnend, in psychologischer wie in ethischer Hinsicht, nun auf der Güte der Tiere zu beharren. Man läßt die Kinder der Dritten Welt verhungern, aber man fordert die Kinder der Ersten Welt auf, nicht nur Libellen und Häschen zu respektieren, sondern auch Wale, Krokodile und Schlangen.

Wohlgemerkt, an sich ist dieser pädagogische Ansatz richtig. Das Falsche ist die Überredungstechnik, die dazu benutzt wird: Um es die Tiere »wert sein« zu lassen, daß sie überleben, werden sie vermenschlicht und verniedlicht. Man sagt nicht, daß sie ein Recht zum Überleben haben, auch wenn sie ihrer Natur nach wild und räuberisch sind, sondern man macht sie respektabel, indem man sie als liebenswert, komisch, gutmütig, brav, geduldig und weise hinstellt.

Niemand ist unbesonnener als ein Lemming, tückischer als eine Katze, geifernder als ein Hund im August, stinkender als ein Ferkel, hysterischer als ein Pferd, idiotischer als ein Nachtfalter, schleimiger als eine Schnecke, giftiger als eine Viper, phantasieloser als eine Ameise und musikalisch einfallsloser als eine Nachtigall. Es gilt lediglich, diese und andere Tiere als das zu lieben, was sie sind – und wenn wir sie beim besten Willen nicht lieben können, sie wenigstens in ihrer Eigenart zu respektieren. Die Legenden von ehedem übertrieben es mit dem bösen Wolf, die Legenden von heute übertreiben es mit den guten Wölfen. Nicht weil sie gut sind, müssen die Wale gerettet werden, sondern weil sie Teil des natürlichen Lebens sind und zum ökologischen Gleichgewicht beitragen. Aber unsere Kinder erziehen wir mit Geschichten von sprechenden Walen, von Wölfen, die in den Dritten Orden der Franziskaner eintreten, und vor allem mit Teddybären ohne Ende.

Die Werbung, die Zeichentrickfilme, die Kinderbücher sind voll von gutmütigen, kreuzbraven, kuschelweichen und beschützenden Bären. Deshalb, fürchte ich, sind die armen Kinder vom Central Park nicht aus Mangel, sondern aus Übermaß an Erziehung gestorben. Sie sind Opfer unseres unglücklichen Bewußtseins. Um sie vergessen zu machen, wie schlecht die Menschen sind, hat man ihnen zu oft erzählt, daß die Bären gut seien. Anstatt ihnen ehrlich zu sagen, was die Menschen und was die Bären sind.

Schulen des Lebens

Neulich hat mir ein Freund einen Witz erzählt. Ich gebe ihn gerafft wieder, eigentlich müßte man ihn mit römischem Akzent und römischer Gestik erzählen: Der Tiber ist über die Ufer getreten. Romoletto sitzt in seiner Hütte fest, das Wasser steigt und geht schon bis ans Fenster. Er kniet sich vor ein heiliges Bildchen über dem Bett und betet zum lieben Gott um Rettung. Da ertönt eine Stimme von oben: »Fürchte dich nicht, mein Sohn, hab Vertrauen, ich werde dich retten.«

Kurz darauf kommt ein Schlauchboot der Feuerwehr vorbei, und jemand ruft: »He, Romolé, spring auf, hier wird's böse enden!« Romoletto antwortet: »Macht euch um mich keine Sorgen, holt lieber die andern, ich komm schon klar!« Das Wasser steigt weiter, und Romoletto flüchtet sich aufs Dach. Ein Schlauchboot vom Roten Kreuz kommt vorbei, und jemand fordert ihn auf, rasch einzusteigen. Romoletto winkt ab, er habe schon eine Möglichkeit, sich allein durchzuschlagen. Das Wasser steigt weiter, Romoletto klammert sich an den Kamin. Ein Schlauchboot der Carabinieri kommt vorbei, und der Maresciallo ruft: »Spring auf, Romolé!« Auch diesmal winkt Romoletto, auf die himmlische Hilfe vertrauend, ärgerlich ab.

Kurz und gut, das Wasser steigt auch über den Kamin, und Romoletto ertrinkt. Er kommt wutschnaubend an die Himmelspforte und beschwert sich bei Petrus, daß sein Chef nicht Wort gehalten habe. Petrus wundert sich: »Sonderbar, wenn der Chef etwas sagt ... Na, sehen wir doch mal im Register nach. Wie heißt du? Romoletto ... Romoletto ... ah, hier ...« Und er ergrimmt: »Was redest du denn da, von wegen, wir hätten dich vergessen? Drei Schlauchboote haben wir dir geschickt, drei Schlauchboote!«

Zunächst hielt ich den Witz für sehr katholisch und quasi manzonianisch – die Vorsehung wirkt durch Zweitursachen. Da er amüsant ist, konnte ich der Versuchung nicht widerstehen, ihn überall zu erzählen. Und dabei ist mir etwas aufgegangen: Fast alle, denen ich ihn ganz harmlos erzählte, lachten zuerst, dann gefror ihr Lachen zu einem blassen Lächeln, und schließlich dankten sie mir mit einer gewissen Bitterkeit dafür, daß ich so liebenswürdig, aber sarkastisch ihren eigenen Fall definiert hätte. Etliche dieser Fälle erriet ich; andere sind mir unklar geblieben. Dafür habe ich begriffen, daß die Geschichte von Romoletto eine Lehrfabel ist, die den »Kairos« behandelt, das heißt den günstigen Augenblick, die Chance, die man ergreifen muß und die oft unerkannt vorbeigeht. Der Witz ist nicht aus katholischem Geist geboren, er ist aus dem gleichen Stoff wie die griechische Tragödie.

Wie alle Mythen oder exemplarischen Geschichten stellt er ein offenes Muster dar, das jeder gemäß den Kontexten auffüllen kann, um zu erkennen: »de te fabula narratur«. Man kann ein Muster zur Interpretation des Lebens sowohl durch eine Tragödie in Versen bieten wie durch einen Witz. Der Witz ist im Universum der literarischen Formen das, was man eine »einfache Form« nennt, aber er ist deswegen kein weniger gültiges Beispiel für erzählende Kunst, manchmal ist er sogar aussagekräftiger, gerade durch seine Kürze (wie es im übrigen auch bei den »ernsten« Gleichnissen vorkommt).

So hat mich die Geschichte von Romoletto dazu gebracht, über das Wesen der Erzählkunst nachzudenken und damit über die neuerdings vieldiskutierte Frage, ob es noch eine Erzählkunst gebe und ob sie mit der Sprache oder mit der Erfahrung zu tun habe. Ein falsches Problem. Die Kunst des Erzählens ist ein Modus, in dem die Sprache sich in der Fabulierfunktion übt, die nicht im Artikulieren von Worten besteht, sondern im Skizzieren eines Musters zur Interpretation der Erfahrung. Was ja schon immer die Funktion der Mythen war, die sich in alle Sprachen übersetzen lassen, ohne dabei ihre Fähigkeit einzubüßen, all das zu definieren und zu erklären, was jedem von uns zwischen Geburt und Tod und darüber hinaus widerfährt, indem sie es auf einige fundamentale und sehr profunde »Figuren« zurückführen. Profund muß nicht notwendigerweise archetypisch heißen. Es gibt Kulturen, in denen der Kairos keinen Sinn hat, da es in ihnen die Zeit nicht gibt und folglich auch keinen günstigen Augenblick, der erkannt werden muß, wenn man die Zeit anhalten, beschleunigen oder umkehren will. Aber in einer Kultur, in der das Schicksal nicht kosmische Notwendigkeit ist, sondern individuelle Abrechnung mit dem Möglichen, ist die günstige Gelegenheit der Moment der Wahrheit.

Von dieser Herausforderung handelt die Geschichte von Romoletto, ebenso wie die Geschichte von Ödipus, der durchaus imstande war oder sich immerhin hätte bemühen können, den Seher Teiresias zu verstehen, der aber vor der einzigen Chance, die sich ihm bot, die Augen verschloß.

Uns dies (und anderes) zu sagen, dienen uns die Geschichten. Auch wenn es Geschichtchen sind.

Lector in fabula

In den letzten Jahren dieses Jahrzehnts hat die kritische Reflexion und sogar die Praxis der Literaten den Blick von der Form eines Textes auf sein Verhältnis zum Leser verlagert, beziehungsweise nicht verlagert, sondern erweitert, um beide Aspekte zusammenzusehen. Es ist schwer zu sagen, was ein Text ist und wie er entsteht, sei er literarisch oder nicht, wenn man außer acht läßt, welches Verhältnis er zu seinem Leser eingehen soll.

Dennoch finden sich immer wieder Autoren, die hier aufs heftigste protestieren, mit Beteuerungen wie: »Also ich, ich denke beim Schreiben nie an den Leser, ich schreibe nur für mich selbst, ich schreibe aus Liebe zur Sprache« usw. – als wäre das Selbst eines schreibenden Ich nicht ein Idealleser, als wäre die Sprache nicht an sich und konstitutiv etwas, das sich bildet, um in Kontakt mit etwas anderem zu treten.

Die Erklärung für dieses kuriose Verhalten ist zweifacher Art. Einerseits gibt es eine Menge schlechter philosophischer Literatur, die den Intellektuellen einredet – um sie darüber zu trösten, daß sie offensichtlich keine gesellschaftlich produktive Funktion haben –, sie seien zumindest

Gott ähnlich und schüfen aus reiner Liebe zur Schöpfung, ehe noch auf der Bühne der Welt ein menschlicher Gesprächspartner erschienen sei (allerdings hatte Gott aus mysteriösen Gründen das Bedürfnis, am Ende genau diesen Leser der Schöpfung zu schaffen).

Andererseits hat sich mit dem Aufkommen der Massenkultur ein Phänomen verstärkt, das im übrigen schon seit Erfindung der Schrift existierte, wenn auch in geringerem Maße, nämlich das Phänomen des Autors, der schreibt, um dem Publikum gefällig zu sein. Ich sage »gefällig zu sein« und nicht zu gefallen oder Interesse zu wecken. Wer schreibt, um dem Publikum gefällig zu sein, hält sich an die offenkundigsten und verbreitetsten Erwartungen: Wenn er entdeckt, daß die Leute sich gern sexuell erregen lassen, beschreibt er Bettszenen, daß ihnen das Wasser im Munde zusammenläuft, und wenn er entdeckt, daß die Leute zufrieden sind, wenn brave Mädchen edle und reiche Jünglinge heiraten, schreibt er sentimentale Romane mit Happy-End. Dem Publikum zu gefallen oder es zu interessieren heißt dagegen, sich zu wünschen, daß der Leser in die Welt des Schreibenden eintritt, womöglich polemisch, aber mit Leidenschaft und Energie. Daher liest der Schreibende, auch wenn er es nicht merkt oder es nicht zugeben will, jedes Wort, das er hinschreibt, zweimal und fragt sich, welche Wirkung es hat. Vielleicht formuliert er die Frage anders, zum Beispiel, ob das Wort schön ist, ob es gut klingt, ob es trifft, aber das ändert nichts an der Sache.

Niemand, weder der Dichter noch der Denker, schreibt einfach nur, um seine Wahrheit zu sagen. Er schreibt, um jemanden zu überzeugen, daß das, was er sagt, wahr, vernünftig, nachvollziehbar ist. Gestern habe ich den Anfang von Descartes' ›Discours de la Méthode‹ nachgelesen. Descartes war ein Denker, der felsenfest glaubte, die evidenteste, jedermann in die Augen springende Wahrheit sei der Satz: »Ich denke, also bin ich«. Er war dermaßen fest davon überzeugt, daß er alle anderen vermeintlichen Gewißheiten als reif für den Müll befand oder höchstens als hinterher wiedergewinnbar, auf Basis eben dieser ersten und selbstevidenten Gewißheit. Ich will hier nicht diskutieren, ob er recht hatte oder nicht. Ich denke nur, daß einer, der solches glaubt, sein Buch hätte mit dem Satz beginnen müssen: »Meine Herrschaften, ich denke, also bin ich. D'accord? Und nun weiter im Text ...«

Aber mitnichten. Der große Paukenschlag des »cogito ergo sum« – ein Paukenschlag in der Architektur des Buches und in der Geschichte des abendländischen Denkens – kommt erst im vierten Teil, mehr als dreißig Seiten nach dem Beginn. Und was macht Descartes auf den dreißig Seiten davor? Er präpariert seinen Leser, macht ihn bereit zu akzeptieren, daß seine (Descartes') evidente Wahrheit auch für ihn evident sein muß. Er gibt sich große Mühe, ihn nicht zu überfallen, appelliert an seinen gesunden Menschenverstand, begleitet ihn Schritt für Schritt beim Ausräumen aller Gewißheiten, die der Leser vorher gehabt hatte und die ihn daran gehindert hatten, in aller Klarheit die einzige absolut klare und evidente Wahrheit zu sehen. Erst als Descartes sicher ist, ein Vertrauensverhältnis mit dem Leser hergestellt zu haben, erst als er sicher ist, daß ihm der Leser nun folgen wird, läßt er seine Enthüllung heraus – die er doch eigentlich niemandem hätte zu enthüllen brauchen, da jeder sie bereits kennen müßte.

Man gehe nun hin und lese den Anfang der ›Odyssee‹ nach, der ›Göttlichen Komödie‹, des ›Rasenden Roland‹, des ›Faust‹ oder was immer man will, und dann sage man, ob nicht auch jene Dichter es wie Descartes gemacht haben (natürlich mit anderen Mitteln und zu anderen Zielen). Wer's nicht so macht, ist ein Dummkopf, und wer's nicht so zu machen behauptet, ist ein Lügner.

Das Metier des Denkens

Neulich fragte mich ein Siebzehnjähriger in einem Moment der Vertraulichkeit: »Entschuldigen Sie, wie würden Sie eigentlich Ihren Beruf definieren?« Ich antwortete instinktiv, mein Beruf sei der eines Philosophen – was mir gesetzlich erlaubt ist, da ich in Philosophie promoviert habe und eine Privatdozentur für Philosophie bekleide.

Daß ich mich als Philosoph fühle, liegt an Giacomo Marino, meinem Philosophie-Lehrer am Gymnasium von Alessandria. Diesen Sommer bin ich nach Pinerolo gefahren, um seiner zu gedenken. Marino hat mir gezeigt, daß man ein Philosoph sein kann, und somit ein Denker, auch wenn man dazu verurteilt ist, Philosophie in der Schule zu lehren. Er war mir Lehrmeister in philosophischem Denken, und das nicht nur, wenn er Descartes oder Kant erklärte, sondern auch, wenn er auf eher abwegige Fragen antwortete, solche wie: »Wer war Freud?«, »Was ist ein Leitmotiv bei Wagner?«, »Ist es statthaft, sich im Boxen zu üben?« So hat Giacomo Marino meinem Vater einen schweren Kummer bereitet, denn der wollte (wie in Piemont damals üblich), daß ich Advokat würde.

Die Philosophie zu lieben und sie professionell zu betreiben ist ein sonderbares Metier. Man ist ein Denker. Manchmal wird mir, während ich an der Arbeit sitze, plötzlich bewußt, daß ich auf dem Stuhl zusammengesunken ins Leere starre und die Gedanken da oder dorthin schweifen lasse. Prompt regt sich in mir der Moralismus des Ex-Katholiken: Du vergeudest deine Zeit! Woraufhin ich mich geradesetze und mir sage: Schließlich übe ich den Beruf eines Denkers aus. Also ist es richtig, daß ich denke.

Falsch gedacht. Ein Denker denkt, aber nicht in den Zeiten, die er dem Denken widmet. Er denkt, während er eine Birne von einem Baum pflückt, während er über die Straße geht, während er wartet, daß ihm der Schalterbeamte ein Formular aushändigt. Descartes dachte, während er einen Ofen betrachtete. Ich zitiere aus zwei zeitgenössischen Texten, einem gewollt trivialen und einem gewollt trivialisierenden. Fleming beginnt seinen ›Goldfinger‹ mit dem Satz: »James Bond, mit zwei doppelten Bourbon intus, saß in der Abflughalle des Miami Airport und dachte nach über Leben und Tod.« Joyce läßt seinen Leopold Bloom, am Ende des vierten Kapitels von ›Ulysses‹, auf dem »Kackstuhl« sitzend über die Beziehungen zwischen Leib und Seele nachdenken. Das ist Philosophieren. Die leeren Zeiten nutzen, um über Leben und Tod nachzudenken, und über den Kosmos. Wenn ich den Philosophiestudenten einen Rat geben sollte, wäre es dieser: Notiert euch nicht die Gedanken, die euch am Schreibtisch kommen, sondern die, die euch auf dem Klo kommen. Aber erzählt es nicht überall, sonst gelangt ihr mit großer Verspätung auf einen Lehrstuhl. Andererseits verstehe ich schon, daß diese Wahrheit vielen schwerverdaulich erscheint. Das Erhabene ist nicht in jedermanns Reichweite.

Doch Philosophieren heißt auch, die anderen zu überdenken, besonders diejenigen, die uns vorausgegangen sind. Platon, Descartes und Leibniz zu lesen. Und dies ist eine Kunst, die man nur langsam erlernt. Denn was heißt Nachdenken über einen Philosophen der Vergangenheit? Wollte man alles ernst nehmen, was er gesagt hat, müßte man sich schämen. Er hat, unter anderem, auch einen Haufen Unsinn verzapft. Seien wir ehrlich, glaubt jemand im Ernst so zu leben, als hätten Aristoteles, Platon, Descartes, Kant oder Heidegger in allem und jedem recht gehabt? Machen wir uns nichts vor. Die Größe eines guten Philosophieprofessors liegt darin, uns jeden dieser Denker als ein Kind seiner Zeit entdecken zu lassen.

Jeder hat versucht, die eigenen Erfahrungen aus seiner Sicht zu interpretieren. Keiner hat *die* Wahrheit gesagt, aber jeder hat uns gelehrt, in einer bestimmten Art und Weise nach der Wahrheit zu *suchen.* Dies muß man begreifen, nicht ob das, was sie gesagt haben, wahr ist, sondern ob die Art und Weise, in der sie nach Antworten auf ihre Fragen gesucht haben, wahr ist. Dann wird ein Philosoph, auch wenn er Dinge gesagt hat, die uns heute lächerlich vorkommen, zu einem Lehrmeister.

Wer die Philosophen der Vergangenheit so zu lesen versteht, der kann unversehens fulminante Ideen bei ihnen entdecken. Ein Beispiel. Francis Bacon war der Philosoph der modernen Wissenschaft. Würden wir seine Schriften wörtlich nehmen, so gäbe es die moderne Wissenschaft nicht. Überdies war er, als ethisches Vorbild betrachtet, ein zwielichtiger Charakter. Er hat sogar im Gefängnis gesessen, und man weiß nicht recht, ob wie Gramsci oder wie Licio Gelli. Versuchen wir trotzdem, uns auf seine Sicht einzulassen. Ich schlage aufs Geratewohl sein Buch ›Über die Würde und die Mehrung der Wissenschaften‹ auf und lese, daß es falsch sei, die Vergangenheit zu überschätzen, ebenso falsch wie die Gegenwart zu überschätzen. Doch alles in allem sei die Antike die Jugend der Welt gewesen, während die einzige alte Zeit diejenige sei, in der wir leben (›De dignitate‹ 1, 28).

Welch ein schöner Gedanke, für den Wegbereiter der modernen Wissenschaft!

Allzu intelligent, quasi blöd

Künstliche Intelligenz ist eine Wissenschaft, die erforscht, wie ein Computer dazu gebracht werden kann, die Prozesse der menschlichen Intelligenz zu simulieren. Füttert man den Computer zum Beispiel mit folgenden Regeln: a) Joseph und Maria sind Personen, b) Äpfel sind Gegenstände, c) der Akt des Verkaufens ist der Transfer eines Gegenstandes von einer Person, die ihn besitzt, zu einer anderen, die ihn zuvor nicht besaß und die im Tausch dafür Geld transferiert, so müßte er, wenn man ihm sagt: »Joseph verkauft Maria Äpfel«, den Schluß ziehen können, daß Maria von Joseph Äpfel erhalten und ihm dafür Geld gegeben hat und daß Joseph zuvor Äpfel besaß und nun Geld besitzt, während Maria zuvor Geld besaß und nun Äpfel besitzt. Um wirklich »intelligent« zu sein, müßte der Computer freilich auch Fehler mit einkalkulieren, die Regeln ändern und neue erfinden können.

Roger Schank, Direktor der Abteilung Computer Sciences in Yale, hat ein sehr lesbares und unterhaltsames Buch publiziert (›The cognitive computer‹), in dem er seine Erfahrungen schildert und unter anderem auch eine amüsante Geschichte erzählt, die unter Branchenkennern bereits bekannt war. Es handelt sich um das sogenannte »Tale-Spin-Program« von 1976, das den Computer befähigen sollte, Tierfabeln zu erfinden, indem es ihn mit Beschreibungen von diversen Personen, Handlungen und Verhältnissen zwischen Handlungen fütterte. Von Anfang an lief nicht alles glatt, denn der Computer schrieb zunächst folgende Geschichte: »Eines Tages war Joe der Bär hungrig. Er fragte den Vogel Irving, wo Honig zu finden sei, und Irving sagte ihm, in der alten Eiche gebe es einen Bienenstock. Da ergrimmte Joe und drohte Irving zu verprügeln, wenn er ihm nicht sage, wo es Honig gebe.« Der Fehler lag darin, daß Irving eine Regel hatte, die ihm sagte »wenn Honig, dann Bienenstock«, während Joe keine Regel hatte, die ihm sagte »wenn Bienenstock, dann Honig«. Daher sein Grimm. Natürlich wurde das Programm korrigiert, aber unzureichend, denn in der nächsten Geschichte ging Joe zu der Eiche und fraß den Bienenstock.

Später fragt Joe den Vogel Irving, wo es Honig gibt, und Irving will es ihm nicht verraten. Joe hat jetzt eine Regel, die ihm sagt, wenn man von einem anderen etwas haben will und dieser andere will es einem nicht geben, muß man entweder verhandeln, indem man etwas zum Tausch anbietet, oder den Gegner überlisten. Joe verspricht Irving einen Wurm, wenn Irving ihm dafür sagt, wo es Honig gibt. Irving geht auf den Handel ein, Joe macht sich auf die Suche nach einem Wurm, kann aber keinen finden, kehrt zurück und fragt Irving, wo es Würmer zu finden gibt. Irving will es ihm nicht verraten. Joe, seiner Regel eingedenk, bietet ihm einen Wurm für die Auskunft, wo es Würmer zu finden gibt. Irving geht auf den Handel ein. Joe macht sich auf die Suche nach einem Wurm und findet keinen. Da kehrt er zu Irving zurück und fragt ihn, wo es Würmer zu finden gibt ... Natürlich war das Programm in eine »Schleife« geraten und man sah sich genötigt, dem Computer zu sagen: Wer ein Ziel verfolgt und es nicht erreichen kann, darf es nicht ein zweites Mal verfolgen, sondern muß ein anderes Ziel ins Auge fassen, oder er wird krank. Außerdem wurde festgelegt: Wer Nahrung sieht, muß sie begehren.

So kam man zu dieser Geschichte: Der Rabe Henry sitzt auf einem Ast mit einem Käse im Schnabel. Der Fuchs Bill sieht den Käse und begehrt ihn. Er beschließt, den Gegner zu überlisten, und fordert ihn auf zu singen. Der Rabe öffnet den Schnabel, und der Käse fällt auf den Boden. Da wird der Fuchs krank. Warum? Weil er das Ziel verfolgt hatte, seinen Hunger auf den Käse zu stillen, zu welchem Zweck er den Raben dazu gebracht hatte, den begehrten Käse fallen zu lassen. Nun sieht er den Käse vor sich auf dem

Boden liegen und begehrt ihn erneut, weiß aber, daß er nicht zweimal dasselbe Ziel verfolgen darf, und gerät in die Krise.

Der Rabe sieht gleichfalls den Käse und begehrt ihn seinerseits. Um ihn zu bekommen, müßte er ihn von seinem Besitzer ergattern. Doch sein Besitzer ist er selbst, und eine seiner Regeln sagt ihm, daß niemand sich selbst überlisten kann. So bleibt ihm nichts anderes übrig, als den Käse von sich selbst zu erbitten. Aber natürlich will er ihn sich nicht überlassen. Da beschließt er, sich selbst vorzuschlagen, sich den Käse im Tausch gegen einen Wurm zu überlassen. Er macht sich auf die Suche nach einem Wurm, weiß aber nicht, wo er einen finden kann, kehrt zurück zu sich selbst und fragt sich, ob er weiß, wo Würmer zu finden sind. Doch er weiß es nicht und antwortet sich daher, er könne es sich nicht sagen. Da beschließt er, sich selbst einen Wurm anzubieten, wenn er sich dafür sagt, wo Würmer zu finden sind ... Der Leser hat begriffen, daß die Geschichte in eine neue »Schleife« geraten ist und endlos so weitergehen könnte.

Natürlich erlaubten weitere Korrekturregeln dem Computer, eine richtige Fabel zu erzählen. Nur war es dann dummerweise genau die von Äsop. Was ich sehr bedauere, denn die kannten wir schon, während mir die Geschichte vom Raben Henry mit seiner gebrochenen und gespaltenen Identität viel interessanter erschien. Borges oder Lacan hätten den Computer ermuntert, sich weiter im Labyrinth seiner Selbstwidersprüche zu verstricken. Oder sie hätten ihn gelehrt, daß, wenn eine Geschichte zu »normal« wird, ein (kybernetischer) »Wurm« in ihr Regelwerk eingeführt werden muß, denn künstliche Intelligenz wird der menschlichen sehr viel ähnlicher, wenn sie das Problem des Begehrens nicht zu lösen vermag. Freilich ist es nicht leicht, einen vollkommen neurotischen Computer zu konstruieren.

Ratschlag an junge Autoren

Jede Woche bekomme ich Berge von Leserbriefen, die ich unmöglich beantworten kann. Die meisten bekam ich jedoch nach einem Streichholzbrief, in dem ich gestand, daß ich keine Manuskripte von Dichtern und Romanschreibern lese. In einem Interview hatte ich einmal auf die dumme Frage, was ich einem jungen Menschen raten würde, der gerne zu schreiben beginnen möchte, geantwortet: »Schreiben Sie nicht, telephonieren Sie.« Daraufhin kamen viele – schriftliche – Anfragen nach meiner Telefonnummer.

Ähnlich veranlaßte nun mein Geständnis einige Leser, die sich dergleichen vorher nie hätten träumen lassen, mir ihre gesammelten Werke zu schicken. Mit der Begründung, sie verstünden schon, daß ich die Manuskripte der anderen nicht lese, aber bei ihnen liege der Fall sicher anders. Ich übergebe den Fall an die Spezialisten für die geheimen Bande zwischen Genie und Verschrobenheit. Andere Leser protestierten: »Was? Sie würden sich weigern, meine Texte zu lesen, und das mit dem albernen Vorwand, Sie müßten die Arbeiten Ihrer Studenten lesen? Wem denn, bitte sehr, soll ich mein Manuskript dann schicken?« Einer hat noch hinzugefügt: »Ich wußte ja, daß

Sie ein übler Patron sind. Den Beweis können Sie darin sehen, daß ich aus Protest (gegen das, was Sie gestern geschrieben haben) mich seit Jahren weigere, Ihre Bücher zu lesen!« So wörtlich, ich schwöre es, unterfertigt mit akademischem Titel.

Es wäre müßig, dem aufgebrachten Schreiber zu antworten, daß man literarische Manuskripte am besten an jene schickt, die sie beruflich lesen, Zeitschriftenredakteure oder Verlagslektoren. Ich kenne auch namhafte Dichter, die sich der Lektüre von Erstlingswerken mit Hingabe widmen, zum Vergnügen und/oder aus Sendungsbewußtsein. Doch um zu wissen, wer sie sind, bedarf es subtilster Kenntnisse des literarischen Lebens, und wer zuviel schreibt, liest für gewöhnlich nur wenig. Oder er liest wahllos und klammert sich an den erstbesten gedruckten Namen, der ihm ins Auge fällt, sei's der eines Philosophen, eines Ökonomen oder eines Experten in Philatelie. Das ist eine typische Degenerationserscheinung im Zeitalter der Massenkommunikation, diese Fixierung auf das augenfälligste Bild, das man sich zum Lieblingsobjekt erwählt und zu dem man eine privilegierte Beziehung zu haben wähnt. Vor Jahren kannte ich eine analphabetische junge Frau, die ernsthaft glaubte, der Talkmaster Mike Bongiorno betrachte sie während seiner Quizsendungen von der Mattscheibe aus und sende ihr ganz persönlich, natürlich verschlüsselt, Liebesbotschaften.

Einige der Briefe, die ich bekam, enden mit einer pathetischen Note: »Wenn nicht einmal Sie meine Sachen lesen wollen, wie soll ich's dann jemals schaffen, etwas zu publizieren? Wie haben Sie's denn geschafft? Irgendwer muß doch Ihre Manuskripte gelesen haben!« Ich könnte zwar leicht erwidern: Daß meine Sachen publiziert worden sind, spricht eher dafür, daß keiner sie vorher gelesen hatte – aber in diesen Fragen kommt häufig das wirkliche Elend vieler junger Autoren zum Ausdruck, und daher verdienen sie eine ernsthafte Antwort.

Was tut einer, der nicht literarische Texte, sondern wissenschaftliche Beiträge schreibt? Er geht auf Kongresse, verfolgt die Bibliographien, nimmt an Seminaren und Diskussionen teil und wird gewöhnlich irgendwann aufgefordert, eine kurze Rezension zu schreiben. Er macht sich in den richtigen Kreisen bekannt. Ab und zu schickt er einen Beitrag an eine Fachzeitschrift, und wenn der abgelehnt wird, sucht er herauszufinden, ob es an der Zeitschrift lag oder an seinem Beitrag oder womöglich daran, daß er die falsche Zeitschrift ausgewählt hatte. Wer so vorgeht, kann am Ende auch Einstein werden.

Nicht anders müßte es den Verfassern von »kreativen« Texten ergehen: Es gibt Orte, wo

Debatten über Literatur stattfinden, wo Schriftsteller ihre Texte austauschen, auch in der Provinz, und wo man das eigene Tun an dem der anderen messen kann. Das erste Problem ist nicht, etwas zu publizieren, sondern aus der Isolation herauszukommen. Nicht selten wird man zunächst aufgefordert, einen kurzen Artikel für eine kleine Zeitschrift zu schreiben. Merke: Gut beginnt, wer nicht anfragt, sondern die Aufforderung abwartet. Dann schickt man womöglich ein paar Sonderdrucke an diesen und jenen, wenn man will auch mit Widmung, aber ohne aufdringlich um ein Urteil zu bitten, da man sonst Terror verbreitet. In den Grenzen der natürlichen Selektion (auch in der Literatur muß man als Affe beginnen, und nicht jeder erreicht den aufrechten Gang) kommt es soweit, daß man aufgefordert wird, für eine größere Zeitschrift zu schreiben. Mit der Zeit und den Narben gelangt man schließlich zum Buch, der eine mit zwanzig, der andere mit siebzig. Goethe schrieb, wenn ich nicht irre, insgesamt fünfzig Jahre am ›Faust‹.

Kurzum, wer in der literarischen Welt reüssieren will, der schicke seine Manuskripte niemandem. Bleibt natürlich zu klären, was er »statt dessen« tun soll. Doch das Geheimnis ist für jeden anders und nicht auf dem Markt zu haben.

Jedem sein Kreuz

Ich habe einen Brief bekommen, Absender ist laut Briefkopf der Ordre Souverain Militaire de Saint-Jean de Jérusalem – Chevaliers de Malte – Prieuré Oecuménique de la Sainte Trinité de Villedieu – Quartier Général de la Vallette – Prieuré de Quebec, und er bietet mir an, ein Malteserritter zu werden. Ich hätte zwar ein Billett von Karl dem Großen vorgezogen, aber ich habe die Sache gleichwohl sofort meinen Kindern erzählt, damit sie wissen, was für einen Vater sie haben. Dann habe ich mir den Band ›Ordres et contre-ordres de chevalerie‹ von Caffanjon und Gallimard-Flavigny, Paris 1982, aus meinem Bücherregal geholt, der unter anderem eine Liste der Pseudo-Orden von Malta enthält, veröffentlicht vom authentischen Ordine Sovrano Militare e Ospitaliero di San Giovanni di Gerusalemme, di Rodi e di Malta, der in Rom residiert.

Es gibt noch sechzehn weitere Malteserorden, alle tragen mehr oder minder den gleichen Namen mit winzigen Variationen, alle an- und aberkennen sich gegenseitig das Recht dazu. 1908 haben russische Ritter einen Orden in den Vereinigten Staaten gegründet, dessen Kanzler in späteren Jahren Seine Königliche Hoheit Prinz Robert Paternò II., Ayerbe Aragon, Duc de Perpignan, Chef des Hauses Aragon, Thronprätendent des Reiches Aragon und Balearen, Großmeister des Ordens vom Kollar der Heiligen Agathe von Paternò sowie des Ordens der Königskrone der Balearen wurde. Doch 1934 trennt sich von diesem Stamm ein dänischer Ritter, der einen anderen Orden gründet, dessen Kanzlerschaft er dem Prinzen Peter von Griechenland und von Dänemark überträgt.

Zu Beginn der sechziger Jahre gründet ein Abtrünniger der russischen Linie, Paul de Granier de Cassagnac, einen Orden in Frankreich, als dessen Schutzherrn er König Peter II. von Jugoslawien wählt. 1965 überwirft sich der Ex-Peter Zwo von Jugoslawien mit Cassagnac und gründet in New York einen anderen Orden, dessen Groß-Prior in den siebziger Jahren Prinz Peter von Griechenland und Dänemark wird, der später abdankt, um zum dänischen Orden überzuwechseln. 1966 erscheint als Kanzler des Ordens ein gewisser Robert Bassaraba von Brancovan Khimchiacvili, der jedoch ausgeschlossen wird und daraufhin den Orden der Ökumenischen Ritter von Malta gründet, dessen Kaiserlich-Königlicher Protektor alsdann Prinz Heinrich III. Konstantin von Vigo Lascaris Aleramicos Paläologos del Monferrato, Erbe des Throns von Byzanz und Fürst von Thessalien, wird, während Robert Bassaraba sich 1975 seinen eigenen Orden mit Priorat der Trinité de Villedieu – also den meinen – zu gründen sucht, aber ohne Erfolg.

Weiter finde ich: ein byzantinisches Protektorat, einen Orden, der von Prinz Carol von Rumänien nach dessen Trennung von Cassagnac gegründet wurde, ein Groß-Priorat, dessen Groß-Bailiff ein gewisser Tonna-Barthet ist, während Prinz Andreas von Jugoslawien, Ex-Großmeister des von Peter II. gegründeten Ordens, nun Großmeister des Priorats von Rußland ist, ferner einen Orden, der in den siebziger Jahren in den Vereinigten Staaten von einem Baron de Choibert gegründet wurde, zusammen mit dem Erzbischof Viktor Busa, Metropolitan von Bialystok, Patriarch der westlichen und der östlichen orthodoxen Diaspora, Präsident der Republik Danzig *(sic)*, Präsident der demokratischen Republik Bielorussia sowie, als Viktor Timur II., Großkhan von Tatarien und der Mongolei, sodann schließlich ein Internationales Groß-Priorat, gegründet 1971 von Seiner oben erwähnten Königlichen Hoheit Robert Paternò sowie dem Baron Marquis von Alaro, dessen Groß-Protektor dann 1982 ein anderer Paternò wird, nämlich der Chef des Kaiserlichen Hauses Leopardi Tomassini Paternò von Konstantinopel, Erbe des Oströmischen Reiches, als legitimer Nachfolger konsakriert von der Orthodoxen Katholisch-Apostolischen Kirche Byzantinischer Konfession, Marquis von Monteaperto und Pfalzgraf des polnischen Thrones.

1971 erscheint in Malta mein Orden, hervorgegangen aus einer Spaltung des Ordens von Robert Bassaraba. Er steht unter dem Hochprotektorat von S.K.H. Alessandro Licastro Grimaldi Lascaris Comnenos Ventimiglia, Duc de La Chastre, Prince Souverain et Marquis de Déols, und sein Großmeister ist gegenwärtig der Marchese Carlo Stivala *(sic)* di Flavigny, der nach dem Tod Licastros einen gewissen Pierre Pasleau »assoziiert« hat, welchselbiger nun die Titel Licastros führt, zusätzlich zu denen Seiner Grandezza des Erzbischofs und Patriarchen der Orthodoxen Katholischen Kirche Belgiens, Großmeister des Souveränen Militärischen Ordens vom Tempel zu Jerusalem sowie Großmeister und Hierophant des Universellen Maurischen Ordens nach den Vereinigten Orientalischen, Alten und Primitiven Riten von Memphis und Mizraim.

Ich habe das Buch wieder ins Regal gestellt. Es enthält vielleicht ebenfalls falsche Informationen. Aber ich habe begriffen, daß man zu irgendeinem Verein gehören muß, um sich nicht als fünftes Rad am Wagen vorzukommen. Die Freimaurerloge P 2 ist aufgelöst, dem Opus Dei fehlt es an

Exklusivität, und am Ende ist man in jedermanns Mund. So fiel meine Wahl auf die Italienische Blockflötengesellschaft. Die Einzige, Wahre, Alte und Angenommene.

Die Schrecken des Jahrhunderts

Glaubt man den Zeitungen, sind es zwei Probleme, die unsere Epoche bedrohen: die Invasion der Computer und der besorgniserregende Vormarsch der Dritten Welt. Es stimmt, ich kann es bezeugen.

Meine letzte Reise war kurz: ein Tag in Stockholm und drei Tage in London. In Stockholm blieb mir genügend Zeit, einen geräucherten Lachs zu kaufen, ein Riesending zu einem Spottpreis. Er war akkurat in Plastik verpackt, aber man sagte mir, wenn ich auf Reisen sei, täte ich gut daran, ihn zu kühlen. Leicht gesagt.

In London hatte mir mein Verleger zum Glück ein Luxushotelzimmer reservieren lassen, also eins mit Kühlschrank. Bei der Ankunft hatte ich den Eindruck, in eine chinesische Botschaft während des Boxeraufstands geraten zu sein.

Familien, die in der Halle kampierten, Reisende in Decken auf ihrem Gepäck ... Ich fragte das Personal, lauter Inder und ein paar Malayen. Sie sagten mir, das Hotel habe just am Vortag ein Computersystem installiert, das aufgrund von Anfangsschwierigkeiten seit zwei Stunden ausgefallen sei. Man könne leider nicht feststellen, welche Zimmer frei und welche belegt seien. Ich müsse warten.

Gegen Abend war der Computer repariert, und ich bekam mein Zimmer. Sofort holte ich den Lachs aus dem Koffer und suchte den Kühlschrank. Gewöhnlich enthalten die Kühlschränke in Hotelzimmern zwei Flaschen Bier, zwei Flaschen Mineralwasser, ein paar Minifläschchen Spirituosen, ein paar Fruchtsäfte und zwei Erdnußpäckchen.

Der, den ich vorfand, war ein Riesending und enthielt fünfzig Minibouteillen Whisky, Gin, Drambuye, Courvoisier, Grand Marnier und Calvados, acht große Flaschen Perrier, zwei Flaschen Vitelloise und zwei Evian, drei halbe Flaschen Champagner, diverse Dosen Stout, Pale Ale, deutsches und holländisches Bier, italienischen und französischen Rotwein sowie Erdnüsse, Salzstangen, Mandeln, Schokolädchen und Alka Seltzer. Kein Platz für meinen Lachs.

Ich öffnete zwei geräumige Fächer, packte den ganzen Inhalt des Kühlschranks hinein, versorgte den Lachs und vergaß ihn. Als ich am nächsten Tag gegen vier zurückkam, lag der Lachs auf dem Tisch, und der Kühlschrank war wieder randvoll mit teuren Spirituosen. Ich öffnete die zwei Fächer und sah, daß alles, was ich tags zuvor dort versteckt hatte, noch da war. Ich rief in der Rezeption an und sagte, man möge dem Etagenpersonal bitte ausrichten, wenn es den Kühlschrank leer fände, sei das nicht, weil ich alles ausgetrunken hätte, sondern wegen dem Lachs. Man antwortete mir, die Information müsse in den Zentralcomputer eingespeist werden – auch weil der größte Teil des Personals kein Englisch spreche und keine mündlichen Aufträge annehmen könne, sondern nur solche in Basic.

Ich machte zwei weitere Fächer auf, packte erneut den ganzen Inhalt des Kühlschranks hinein und versorgte erneut meinen Lachs. Tags darauf um vier lag der Lachs wieder auf dem Tisch und roch schon etwas verdächtig.

Der Kühlschrank war bis zum Rand voller Flaschen und Fläschchen, und die vier Fächer erinnerten mich an den Panzerschrank eines »speak easy« während der Prohibitionszeit. Ich rief in der Rezeption an und erfuhr, es habe leider erneut einen Zwischenfall mit dem Computer gegeben. Ich läutete nach dem Etagenkellner und versuchte, meinen Fall einem Typ zu erklären, der die Haare zu einem Knoten im Nacken zusammengebunden trug. Aber er sprach nur einen Dialekt, der, wie mir ein Kollege später erklärte, in Kefiristan schon zu der Zeit gesprochen wurde, als Alexander der Große die schöne Roxana heimführte.

Am nächsten Morgen ging ich die Rechnung bezahlen. Sie war astronomisch. Ihr zufolge hatte ich in zweieinhalb Tagen mehrere Hektoliter Veuve Cliquot, zehn Liter Scotch verschiedener

Marken, darunter einige rare Malts, acht Liter Gin, fünfundzwanzig Liter Perrier und Evian nebst einigen Flaschen San Pellegrino getrunken und so viele Fruchtsäfte, daß es gereicht hätte, sämtliche von der »Unicef« betreuten Kinder am Leben zu erhalten, dazu Mandeln, Crackers und Erdnüsse in solchen Mengen verdrückt, daß ein Mitwirkender bei der Autopsie des Personals aus dem ›großen Fressen‹ sich übergeben hätte. Ich versuchte den Fall zu erklären, aber der Angestellte versicherte mir mit betelgeschwärztem Lächeln, der Computer habe es so registriert. Ich verlangte nach einem Advokaten, und man brachte mir eine Avocado.

Mein Verleger tobt jetzt und hält mich für einen Schmarotzer. Der Lachs ist ungenießbar. Meine Kinder sagen, ich solle nicht soviel trinken.

Speisen im Flugzeug

Letzte Woche erwähnte ich eine Reise nach Amsterdam. Es war eine kurze Reise, hin und zurück im Flugzeug. Trotzdem hatte ich, wie es in solchen Fällen bei mir vorkommt, sicherheitshalber zwei Krawatten von »Brooks Brothers«, zwei »Burberry«-Hemden und zwei »Bardelli«-Hosen mitgenommen, nebst einem Tweed-Jackett aus der Bond Street und einer »Krizia«-Weste. Denn auf internationalen Flügen herrscht ja der schöne Brauch, ein Menü zu servieren. Doch man kennt das, die Sitze sind eng, die Klapptischchen ebenfalls, und das Flugzeug macht gelegentlich Sprünge. Überdies sind die Servietten in Flugzeugen winzig, sie lassen den Bauch unbedeckt, wenn man sie in den Kragen schiebt, und die Brust, wenn man sie auf den Schoß legt. Der gesunde Menschenverstand gebäte, kompakte und nicht schmutzende Speisen zu servieren. Es müssen nicht unbedingt »Enervit«-Täfelchen sein. Kompakte Speisen sind Wiener bzw. Mailänder Schnitzel, Gegrilltes, Käse, Pommes frites und Brathähnchen. Schmutzende Speisen sind Spaghetti mit Tomatensoße, Melanzane alla Parmigiana, frisch aus dem Ofen kommende Pizzen und heiße Brühen in Tassen ohne Henkel.

Nun besteht jedoch das typische Menu in einem Flugzeug aus sehr durchgebratenem Fleisch in brauner Soße, großzügigen Portionen gekochter Tomaten, feingeschnittenem und in Wein ersäuftem Gemüse, Reis und Erbsen im eigenen Saft. Erbsen sind bekanntlich ungreifbare Objekte – weshalb selbst die besten Köche unfähig sind, gefüllte Erbsen zuzubereiten –, besonders wenn man sich darauf versteift, sie mit der Gabel zu essen, wie es die Etikette verlangt, und nicht mit dem Löffel. Sage hier keiner, die Chinesen seien noch schlimmer, ich versichere, es ist leichter, eine Erbse mit zwei Stäbchen zu fassen als mit einer Gabel. Es erübrigt sich auch der Hinweis, daß man die Erbsen mit der Gabel nicht aufpiekt, sondern aufliest, denn alle Gabeln sind, was ihr Design betrifft, immer nur zu dem einzigen Zweck gestaltet, die Erbsen, die sie vorgeblich auflesen, fallen zu lassen.

Hinzu kommt, daß die Erbsen im Flugzeug mit schöner Regelmäßigkeit immer nur dann serviert werden, wenn das Flugzeug gerade in eine Turbulenz gerät und der Kapitän empfiehlt, die Sicherheitsgurte anzulegen. In Konsequenz dieser komplexen ergonomischen Kalkulation bleibt den Erbsen mithin nur eine Wahl: Entweder sie landen im Kragen oder im Hosenlatz.

Wie die antiken Fabelerzähler lehrten, bedarf es, um einen Fuchs daran zu hindern, aus einem

Becher zu trinken, eines hohen und schmalen Bechers. Die Trinkgefäße in Flugzeugen sind niedrig und breit, praktisch wie Schüsseln. Versteht sich, daß jedwede Flüssigkeit aufgrund physikalischer Gesetzmäßigkeiten über den Rand schwappt, auch ohne Turbulenz. Das Brot ist kein französisches Baguette, das man, auch wenn es frisch ist, mit den Zähnen zerreißen muß, sondern ein speziell angefertigtes Backwerk, das bei der geringsten Berührung in eine Wolke feinsten Pulvers zerstiebt. Gemäß dem Prinzip von Lavoisier verschwindet dieses Pulver nur scheinbar: Bei der Ankunft entdeckt man, daß es sich zur Gänze unter dem Sitz versammelt hat, um einem die Hosen auch hinterrücks zu verkleben. Das Dessert ist entweder krümelig wie ein Baiser und zerstiebt mit dem Brot, oder es tropft einem sofort auf die Finger, wenn die Serviette längst voller Tomatensoße und folglich nicht mehr zu brauchen ist.

Bleibt das Erfrischungstüchlein, gewiß. Aber es ist nicht von den Salz- und Pfeffer- und Zuckertütchen zu unterscheiden, weshalb es, nachdem man den Zucker in den Salat gestreut hat, bereits im Kaffee gelandet ist, der kochendheiß serviert wird, in einer randvollen Tasse aus wärmeleitendem Material, die einem leicht aus den verbrühten Fingern gleitet, so daß er sich mit der nun schon geronnenen Soße rings um den Gürtel vereint. In der Business Class wird einem der Kaffee direkt in den Schoß gegossen, von einer Hosteß, die sich auf Esperanto entschuldigt.

Sicher rekrutieren die Fluglinien ihre Restaurateure aus dem Kreis jener Hotelfachleute, die nur jenen Kannentyp dulden, der den Kaffee, statt ihn in die Tasse zu gießen, zu achtzig Prozent auf dem Tischtuch verschüttet. Aber warum? Höchstwahrscheinlich will man den Reisenden das Gefühl von Luxus geben und nimmt an, daß sie jene Hollywoodfilme gesehen haben, in denen Nero stets aus breitrandigen Kelchen trinkt, die ihm den Bart und die Tunika vollkleckern, und wo die Barockfürsten saftige Schenkel abnagen, von denen der Saft auf ihr Spitzenhemd trieft, während sie pralle Kurtisanen umarmen.

Doch warum werden dann in der Ersten Klasse, wo der Platz geräumig ist, kompakte Speisen serviert, wie cremiger russischer Kaviar auf gebuttertem Toast, geräucherter Lachs und Langustenscheiben in Öl und Zitrone? Vielleicht weil in den Filmen von Luchino Visconti die Nazi-Aristokraten »Erschießt ihn!« sagen, während sie sich genüßlich eine einzelne Weintraube in den Mund schieben?

Das alte Buch und das Meer

Im ›Corriere‹ lese ich eine Glosse von Riccardo Chiaberge über die letzte Verlagsneuheit für den Sommer: ein Schlauchboot-Buch von Roberto D'Agostino. Nicht der Inhalt ist wichtig, sondern daß es aus Plastik ist und ein aufblasbares Kissen am Rücken haben wird. Ich stelle mir vor, daß der Leser leicht mit den Füßen paddelt, die Ellbogen auf die Seiten gestützt hat und so nach Kythera reist.

Okay zu allen Sarkasmen über die Invasion der ›Gadget‹-Bücher, mit denen Chiaberge uns nicht verschont, und ich teile auch seine berechtigten ökologischen Sorgen. Aber ich bin der Ansicht: Am Strand ist der Platz zum Lesen unter dem Sonnenschirm, und wenn man ins Wasser geht, gibt es Besseres zu tun. Das aufblasbare Gummibuch von D'Agostino wird eines jener Objekte sein, die man denen schenkt, die schon alles haben, wie die berühmte Nerzbürste zum Auswischen des Bauchnabels. Ich möchte hier aber die Schlußbemerkung von Chiaberge aufgreifen, in welcher er seine Sorge äußert, daß vor lauter Aufblähung werbewirksamer Eintags-Einfälle wichtige Bücher untergehen könnten.

Man denke nur einmal, was wäre, wenn

D'Agostinos Plastikbuch die ›Göttliche Komödie‹ enthielte. Eines Tages läßt eine atomare Katastrophe alle Bibliotheken der Welt in Rauch aufgehen, und in tausend Jahren findet jemand an einem fernen Strand, wo die Kultur gerade im Wiedererstehen begriffen ist, hundert schwimmende Gesänge.

Nun ist es ja so – und das habe ich schon oft geschrieben –, daß die Bücher auch ohne finale Atomkatastrophe zu verschwinden drohen. Gestern wollte ich eine Stelle in meinem Exemplar von Kants ›Kritik der reinen Vernunft‹ nachlesen, dem einzigen, das ich mit Gewinn benutzen kann, denn es enthält die Zeichen (mit Bleistift und Kuli) aller meiner Wiederlektüren seit meinem ersten Studienjahr. Ich habe darauf verzichten müssen, denn ein Buch, das in den späten vierziger Jahren gedruckt worden ist, zerfällt mittlerweile bei bloßer Berührung. Ich könnte mir den letzten Nachdruck kaufen, aber es ist etwas anderes, ob man ein neugedrucktes Buch liest oder eines, auf dem sich die verschiedenen Lektüren und Kommentare in Schichten abgelagert haben. Außerdem könnte ich zwar eine Neuausgabe von Kant erwerben, aber nicht eine von einem Autor, der (und das zu Unrecht) nicht über die erste Auflage hinausgelangt ist.

Es ist eine mittlerweile bekannte Geschichte: Seitdem im 19. Jahrhundert das aus Lumpen gefertigte Papier durch das aus Zellulose ersetzt worden ist, hat ein normales Buch eine durchschnittliche Lebensdauer von siebzig Jahren. Danach löst es sich auf. Bislang haben alle Rettungsversuche nur wenige Lösungsmöglichkeiten erbracht. Erstens: Man kann die Buchseiten mit chemischen Substanzen behandeln, aber das Verfahren ist so teuer, daß damit nur sehr wenige als sehr wertvoll erachtete Bücher gerettet werden können. Wer bitte soll dann entscheiden, welche Bücher diese Rettung verdienen? Eine grauenerregende Perspektive, die an Orwells ›1984‹ erinnert. Zweitens: Man kann alle Bücher mikroverfilmen, aber dann bleibt ihre Lektüre wenigen Bibliotheksbenutzern vorbehalten. Drittens: Man druckt alle Bücher kontinuierlich neu, entsprechend der Nachfrage, aber dann kann es passieren, daß billige Groschenromane überleben und wertvolle, aber nicht so populäre Werke untergehen.

Mithin ist die einzige Lösung das Buch aus Plastik. Ich weiß nicht, wie es den Ingenieuren gelingen wird, die vielen technischen Probleme zu lösen: ein Minimum an haptischer Annehmlichkeit, ein klarer und haltbarer Druck, erträgliches Gewicht, die Möglichkeit zu Randbemerkungen und Unterstreichungen (aber man erfindet ja heutzutage Stifte jeglicher Art). Ich stelle mir vor, daß es zu Anfang ein Horror sein wird, die Dinger in die Hand zu nehmen, aber ich stelle mir auch vor, wie ekelhaft den ersten Käufern ein auf Papier geschriebenes Manuskript erschienen sein muß, wie erbärmlich, fragil und schlapp gegenüber der nervigen Knackigkeit des Pergaments ...

Ich bin mir keineswegs sicher, daß die Sache technisch machbar ist, aber es würde ja schon genügen, sie gründlich zu studieren, so wie man heute die Methoden einer ökologisch sauberen Energiegewinnung studiert. Schon nach wenigen Generationen würden auch die empfindlichsten Exemplare der menschlichen Gattung imstande sein, ein Plastikbuch mit dem gleichen Vergnügen zu lesen, mit dem man einst ein kostbar gedrucktes Buch von Manutius durchblätterte – man bedenke, daß die Spezies auch fähig war, über Schriften im Sand, auf Tafeln aus getrocknetem Lehm, auf Papyrus, auf Leinwand oder auf Kuhhäuten zu träumen.

Sicher wird man auch ökologische Probleme lösen müssen, um eine Überflutung mit unzerstörbarem Müll zu vermeiden. Aber wenn es auch leicht ist, eine Plastiktüte (weil sie gratis war) nach dem Picknick einfach auf der Wiese liegenzulassen, wird es den Leuten schon schwerer fallen, ein Buch (das sie etwas gekostet hat) einfach wegzuwerfen. Es wird auch ein Minimum an gutbürgerlicher Erziehung notwendig sein. Aber man denke nur an die vielen verschonten Wälder, die wir heute opfern, um all den tagtäglich gedruckten Quatsch zu verbreiten. Den Nachteilen stehen zwei enorme Vorteile gegenüber: mehr Sauerstoff für den Planeten und die Bewahrung unseres historischen Gedächtnisses. Und kalkuliert man die Unverwüstlichkeit eines Plastikbuches mit ein ... Okay, schon wahr, aber immer noch besser als ein Neudruck von ›Mein Kampf‹.

Das Buch, ein technisch vollendetes Meisterwerk

Im Juli 1994 gab es in San Marino einen Kongreß über die neuen elektronischen Technologien, die angeblich – Hoffnung der einen und Schrecken der anderen – das Buch obsolet machen könnten. Das Thema wurde dann auf der Film-Biennale in Venedig wieder aufgegriffen, wo man die Frage diskutierte, ob die neuen Techniken der visuellen Simulation das traditionelle Kino obsolet machen könnten. Die beiden Themen, Buch und Film, überschnitten sich natürlich. Ich gehöre zu denen, die nicht glauben, daß das Buch ein obsoleter Gegenstand werden kann. Es bleibt ein technisch vollendetes Meisterwerk (wie der Hammer, das Fahrrad oder die Schere), das sich, soviel man auch noch erfinden mag, nicht mehr verbessern läßt und eine unersetzliche Funktion erfüllt. In einem Boot auf hoher See oder auf dem Rücken eines Kamels in der Sahara kann ich keinen Computer anschließen, mit dem Buch aber transportiere ich die gesamte Information, die ich haben will, von der ›Göttlichen Komödie‹ bis zum Lexikon.

Ich entflamme auch nicht vor Begeisterung, wenn ich von Hypertexten auf Diskette höre, mit denen man die Entwicklung einer Geschichte verändern oder gleichzeitig in zwei Spalten den Anfang und das Ende lesen kann. Wer zu lesen versteht, hat das längst getan, sowohl mit der ›Odyssee‹ wie mit dem ›Ulysses‹, und zwar in der Taschenbuchausgabe. Und wer bitte würde sich auf den Hügel von Recanati setzen, um Leopardis Gedicht vom »Unendlichen« auf einem Computerbildschirm zu lesen! Dann doch lieber in einem so entzückenden Bändchen wie jenem, das Raffaels Madonna del Cardellino in der Hand hält. Und *das* war wirklich Science-fiction, denn zu jener Zeit (zur Zeit der Madonna, nicht der von Raffael) las man in Pergamentrollen, nicht in Büchern.

Andererseits wäre es überaus praktisch, wenn man vielbändige Enzyklopädien auf CD-Rom hätte. Das sind keine Bücher, die man sich mit ins Bett nimmt oder unter einen Baum, und per CD lassen sich auf einen Blick beispielsweise die Artikel über Platon und über Aristoteles miteinander vergleichen, ohne daß man sich einen Tennisarm holt, indem man zwei dicke Wälzer auf einmal an den Schreibtisch schleppt, der womöglich zu klein dafür ist. Außerdem könnte man sich einen beträchtlichen Platz im Regal freimachen – und man bedenke, daß viele sich auch deshalb keinen Großen Brockhaus oder Meyer leisten können, weil sie nicht wissen, wohin damit.

Nun höre ich, daß diese Möglichkeit bei der ›Enciclopedia Treccani‹ – dem italienischen Äquivalent zu Brockhaus und Meyer – schon seit einiger Zeit erwogen wird. Es gibt Bücher und Bücher: Lyrikbände in den Computer zu geben ist sinnlos, aber warum nicht Enzyklopädien?

Zudem gibt es Innovationen (über die Forschungen und Experimente durchgeführt werden), von denen wir noch recht wenig wissen, aber die unsere Art zu leben (nicht die zu lesen) ziemlich verändern könnten. Eine davon wird derzeit an der Stanford University in Kalifornien mit Unterstützung durch »Rank Xerox« studiert. Ich will hier nicht erzählen, wie die Lage heute ist, sondern wie sie in Zukunft sein könnte, wenn es gelingt, einige nicht unbeträchtliche technische Schwierigkeiten zu lösen. Wie wenn man vor ein paar Jahrzehnten eine Herztransplantation beschrieben hätte: Technisch war sie noch nicht machbar, aber unmöglich war sie nicht, wie wir inzwischen gesehen haben.

Nehmen wir also an, alle Bücher aller großen Bibliotheken würden mit einem Scanner aufgenommen (und man könnte mit einer einzigen gut bestückten Bibliothek beginnen). Das würde heißen, ihr ganzer Inhalt, samt Typographie und Seitenumbruch, würde in das Gedächtnis eines zentralen Computers eingespeist. Erstes Ergebnis: Diese Bücher würden vor der fatalen Zersetzung des Papiers bewahrt, das bei manchen heutigen Ausgaben binnen weniger Jahrzehnte zu Staub zerfallen sein wird. Wer ein bestimmtes Buch braucht, geht einfach in die örtliche Stadtbibliothek, es kann auch eine Dorf- oder Schulbibliothek sein, sieht im Katalog nach, findet das gewünschte Buch, der Computer gibt es an einen Hochleistungsdrucker aus (ein ziemlich teurer Apparat, ohne den es freilich nicht geht), und der druckt es in wenigen Minuten exakt so, wie es im Original war, und heftet oder bindet es. War das Original in kleiner gotischer Schrift gedruckt, und man will es mühelos lesen können, gibt man einen Befehl, und die Maschine druckt einem das Buch in jeder gewünschten Schrift. Man zahlt den Preis für den Ausdruck, plus einen Prozentsatz für die Rechte des Autors und des Verlags, der automatisch aufgeschlagen wird (auf diese Weise gibt es keine Raubdrucke mehr), und nimmt das Buch mit nach Hause. Bei einem vielbändigen Nachschlagewerk kann man sich auch die gewünschten Seiten oder Abschnitte separat ausdrucken lassen. Hat man nach der Lektüre keinen Platz für das Buch oder betrachtet man es als erledigt, wirft man es weg. Man kann sich ja jederzeit ein neues ausdrucken lassen.

Ein einziger Raum wird Säle, Regale, Personal und Kontrollen ersetzen. Wer seltene Bücher und Erstausgaben liebt, wird weiter in Antiquariate, zu Bouquinisten oder in große Bibliotheken gehen. Und wer die neueste Neuerscheinung oder die Taschenbuchausgabe eines Klassikers haben will, begibt sich nach wie vor in die Buchhandlung. Aber wer ein vergriffenes oder schwer auffindbares Werk lesen oder nachschlagen will, bekommt das Äquivalent eines Faksimile-Drucks. Ins Haus geliefert, ohne sich in Lesesäle bemühen zu müssen. Mithin werden die Bücher nicht verschwinden, im Gegenteil: Sie werden leichter zugänglich sein.

Wie oft sind Sie schon aus dem Fenster gefallen?

Angesichts der zur Zeit laufenden Versuche, im Hinblick auf die Anforderungen der Arbeitswelt ein »Kurzdoktorat« einzuführen, möchte ich ein paar dringend benötigte und sehr einträgliche Berufe vorschlagen, auf die man sich freilich gut vorbereiten muß.

Zum Beispiel den Beruf des städtischen Aufstellers jener grünen Straßenschilder, die den Weg zur Autobahn weisen. Daß der Zweck dieser Schilder darin besteht, nicht nur das Stadtzentrum zu entleeren, sondern auch die Autobahnen, wird uns klar, sobald wir ihnen einmal gefolgt sind und uns entnervt in der gefährlichsten Sackgasse des äußeren Industriegebiets wiederfinden. Aber es ist nicht leicht, die Schilder an die richtigen Stellen zu stellen. Ein Dummkopf könnte auf die Idee kommen, sie dort aufzustellen, wo eine schwierige Wahl zu treffen ist und der Autofahrer gute Aussichten hat, sich zu verfahren. Mitnichten, das Schild darf nur dort aufgestellt werden, wo der Weg so klar ist, daß man instinktiv die richtige Straße nehmen würde, damit es einen dann woandershin schickt. Um jedoch diese Arbeit gut zu machen, muß man etwas von Urbanistik, von Psychologie und von Spieltheorie verstehen.

Ein anderer sehr gesuchter Beruf ist der des Verfassers jener Instruktionen, die den Verpackungen von elektrischen Haushaltsgeräten und elektronischen Apparaten beigelegt werden. Sie sollen vor allem die richtige Aufstellung der Geräte verhindern. Das Vorbild ist nicht das jener kiloschweren Handbücher, die den Computern beigegeben werden, denn die erreichen zwar auch das erwünschte Ziel, aber in einer für den Hersteller kostspieligen Weise. Das wahre Vorbild sind die Beipackzettel der pharmazeutischen Industrie, deren Produkte den Vorteil haben, daß ihre Namen zwar wissenschaftlich klingen, aber in Wirklichkeit dazu dienen, die Natur des Produkts zu verdeutlichen für den Fall, daß der Kauf den Käufer in Verlegenheit bringt (»Prostatan«, »Menopausin« etc.). Den beigefügten Instruktionen gelingt es dagegen mit wenigen Worten, die Warnungen, von denen unser Leben abhängt, zu verundeutlichen: »Keine Gegenindikationen außer bei unvorhergesehener letaler Reaktion auf das Produkt.«

Bei Haushaltsgeräten und ähnlichem müssen die Instruktionen sich in so langatmigen Erklärungen von so selbstverständlichen Selbstverständlichkeiten ergehen, daß man versucht ist, sie zu überspringen, um dann die einzige wirklich

wichtige Information zu verpassen: »Um den
›PZ40‹ aufzustellen, ist es erforderlich, ihn
zuerst einmal auszupacken, indem man ihn aus
dem Verpackungskarton herausnimmt. Um den
›PZ40‹ aus dem Verpackungskarton herauszunehmen, muß man diesen zuerst geöffnet haben.
Den Karton öffnet man dadurch, daß man die
beiden oberen Deckelklappen in entgegengesetzte
Richtungen aufklappt (siehe die Zeichnung innen). Es empfiehlt sich, den Karton während
des Öffnens aufrecht mit der oberen Seite nach
oben zu halten, da im gegenteiligen Fall die
Gefahr besteht, daß der ›PZ40‹ während der Operation zu Boden fällt. Die obere Seite ist diejenige, auf der das Wort OBEN geschrieben steht.
Falls sich der Karton beim ersten Versuch nicht
öffnen läßt, ist es ratsam, einen zweiten Versuch
zu machen. Sobald der Karton geöffnet worden
ist und bevor man die Aluminiumhülle aufreißt,
ist es ratsam, die kleine rote Lasche zu ziehen,
sonst explodiert die Hülle. ACHTUNG: Nach
Herausnahme des ›PZ40‹ kann man den Karton
wegwerfen.«

Kein ganz leichter Beruf ist auch der des Verfassers jener lehrreichen Fragebögen, mit denen unsere Gazetten gewöhnlich im Sommer ihre Leser
beglücken:

»Was würden Sie nehmen, wenn Sie 1) die Wahl
zwischen einem Becher Lebertran und 2) einem

Glas alten Cognacs hätten? Würden Sie Ihre Ferien lieber 1) mit einer leprösen Achtzigjährigen oder 2) mit Isabelle Adjani verbringen? Wären Sie lieber 1) von bissigen roten Ameisen bedeckt oder 2) eine Nacht mit Ornella Muti zusammen? Wenn Sie jedesmal 1 geantwortet haben, sind Sie ein launischer, einfallsreicher, origineller Typ, aber sexuell ein bißchen unterkühlt. Wenn Sie jedesmal 2 geantwortet haben, sind Sie ein Schlingel.«

In der Gesundheitsbeilage einer Zeitung fand ich letzten August einen Fragebogen über die Sonnenbräune, der für jede Frage drei Antworten vorsah: A, B, C. Interessant waren die A-Antworten: »Wenn Sie sich der Sonne aussetzen, wie stark rötet sich dann Ihre Haut? A: Sehr stark. – Wie oft hatten Sie schon Sonnenbrand? A: Jedesmal, wenn ich mich der Sonne ausgesetzt habe. – Welche Farbe hat Ihre Haut 48 Stunden nach der Rötung? A: Immer noch rot. – Lösung: Wenn Sie mehr als einmal A geantwortet haben, ist Ihre Haut sehr empfindlich, und Sie bekommen leicht Sonnenbrand.«

Mir schwebt ein Fragebogen wie dieser vor: »Sind Sie schon öfter aus dem Fenster gefallen? Haben Sie sich dabei komplizierte Knochenbrüche zugezogen? War die Folge jedesmal bleibende Invalidität? Wenn Sie mehr als einmal mit Ja geantwortet haben, sind Sie entweder blöd oder haben das Labyrinth am falschen Ort. Schauen Sie nicht mehr aus dem Fenster, wenn Ihnen der übliche Scherzbold von der Straße aus zuruft, Sie sollten herunterkommen.«

In Disneyland fliege ich wie Peter Pan

Hin und wieder lese ich einen Artikel über die Schwierigkeiten des französischen »Disneyland«. Daß es sich als eine Fehlinvestition erweist, weil die Franzosen kein Geld zum Rausschmeißen haben und die Ile de France nicht Kalifornien oder Florida ist, wo das ganze Jahr lang die Sonne scheint, läßt mich kalt. Aber was mich immer wieder frappiert, ist die betrübte, kummervolle und moralisierende Argumentation vieler Intellektueller, die von »Disneyland« wie von einem Werk des Satans sprechen.

»Nie wird ein Intellektueller wie ich dorthin gehen«, hat Michel Tournier herablassend erklärt. Warum nicht? Wenn es aus den gleichen Gründen sein sollte, aus denen andere nie zum Fußball gehen (nicht aus Abneigung oder Groll, sondern weil man sich schließlich nicht für alles interessieren kann), wäre nichts dagegen einzuwenden. Aber solche Äußerungen unterstellen, daß »Disneyland« die Phantasie erschlägt, falsche Gefühle verkauft und den Geschmack verdirbt.

Ich bin mindestens zweimal in »Disneyland«/Kalifornien und zweimal in »Disneyland«/Florida gewesen. Nicht weil ich dorthin gepilgert wäre, sondern weil ich mich gerade in der Ge-

gend befand; das erste Mal war's aus Neugier gewesen, und ich hatte alles zu sehen versucht, und die anderen drei Male wollte ich zumindest das Spukschloß, die Piraten und den Flug von Peter Pan wiedersehen, drei Attraktionen, die für mich zu den unterhaltsamsten der Welt gehören. Sicher ist »Disneyland« eine Maschine zum Geldverdienen (das ist freilich auch die pharmazeutische Industrie), aber es ist sehr amüsant, viel amüsanter als ein herkömmlicher Jahrmarkt, auf dem sich die Intellektuellen doch auch nicht deprimiert fühlen, weder von der Geisterbahn noch vom Riesenweib. Wie auf alle Jahrmärkte kann man ruhig einmal oder ab und zu hingehen, und wenn man herauskommt, hat das moralische und ästhetische Leben keinen Knacks bekommen, und man wird auch nicht unbedingt von Ekelgefühlen geschüttelt.

Doch es gibt noch einen anderen Grund, warum man nicht nur für »Disneyland«, sondern für jede Fantasy-Attraktion dankbar sein sollte, die den Besucher auch mehrere Tage lang zu fesseln vermag, vorausgesetzt, sie ist nicht dort errichtet worden, wo sie eine geschützte Umwelt zerstört, sondern, wie an der adriatischen Riviera oder bei Tokio, in Ebenen, die ohnehin mit Fabrikhallen und riesigen Supermärkten vollgestellt sind. Eines der charakteristischen Phänomene unserer Zeit ist der Massentourismus, und der betrifft auch und gerade Orte wie Florenz oder Venedig, mit den bekannten Ergebnissen, denn schon der bloße Atem zu vieler Besucher ruiniert den ›Frühling‹ von Botticelli. Man kann den massenhaften Kunstbesuch nicht verbieten, denn alle und nicht nur Reisende wie Stendhal haben das Recht, die Uffizien zu sehen, und alle müssen die venezianischen Gassen und Kanäle genießen dürfen, nicht nur Gustav Aschenbach. Doch wenn ein Gut von allen genossen wird, geht es kaputt. Bleibt als einzige Abhilfe, es nur diejenigen genießen zu lassen, die eine echte Motivation dazu haben und denen wirklich etwas daran liegt.

Nun ist es wohl evident, daß sehr viele Besucher von Kunststädten nur deswegen dorthin fahren, weil sie mal einen Ausflug machen und etwas sehen wollen, wovon man spricht, aber sie ziehen lärmend durch die Säle, ohne sich die Gemälde wirklich anzusehen, und werfen Coladosen in die Lagune, was zeigt, daß ihnen nicht eben viel an der Lagune liegt. Sie alle würden vielleicht, wenn sie ein »Disneyland« in der Nähe hätten, ihr Geld lieber dort ausgeben, würden entdecken, daß sie sich dort viel besser amüsiert haben, könnten zu Hause genauso gut davon erzählen und das bewundernde Interesse ihrer Nachbarn erregen.

Lang mögen also die vielen möglichen »Disneylands« leben, die zur Beglückung des Massentouristen beitragen würden, ohne ihn dazu zu bringen, feinere Orte zu ruinieren. Wer zum Besuch der Pyramiden die Gitarre, das Transistorradio oder den Walkman mitnimmt, sollte besser nach »Disneyland« gehen.

Einziger Einwand: Aber wie viele Jugendliche sind ganz zufällig nach Florenz gekommen und standen plötzlich wie vom Blitz getroffen vor der Offenbarung des Schönen? Das ist ein ernsthafter Einwand: Es war aus Neugier, daß ich als Junge in Alessandria in eine kleine Ausstellung ging, wo ich den ersten Morandi meines Lebens sah und anfing, die Kunst zu lieben. Aber wenn damals lärmende Horden durch die Ausstellung gezogen wären, hätte ich vielleicht bloß geguckt, ohne etwas zu sehen. Statt unseren Enkeln ein Florenz zu hinterlassen, das auf »Disneyland« reduziert ist, sollen sie lieber den ›Frühling‹ von Botticelli das erste Mal in einer Hochglanzzeitschrift oder in einem Fernsehfilm sehen. Ich bin sicher, das wird genügen, um den ersten Funken zu entzünden. Danach werden sie um jeden Preis nach Florenz fahren wollen, während ihre fauleren Kameraden »Disneyland« überschwemmen.

Luzifer unterwegs in Amerika

Fliegen kann man mit einem Magengeschwür, mit Krätze, mit einem steifen Knie, mit einem Tennisarm, mit einem poetischen Raptus, mit Aids, mit galoppierender Schwindsucht und mit Lepra. Aber nicht mit einer Erkältung. Wer es versucht hat, weiß, daß einem, wenn das Flugzeug aus zehntausend Meter Höhe plötzlich runtergeht, die Ohren sausen, der Kopf scheint zu platzen, man haut mit den Fäusten ans Fenster und möchte raus, auch ohne Fallschirm. Ich wußte es, und doch wollte ich in einem solchen Zustand, bewehrt mit einem Nasenspray von verheerender Wirkung, nach New York fliegen. Es ging nicht gut. Bei der Landung kam ich mir vor, als läge ich im Philippinengraben, ich sah die Leute ihre Münder bewegen, aber ich hörte nichts. Der Arzt erklärte mir dann mit Zeichen, daß meine Trommelfelle entzündet seien, stopfte mich mit Antibiotika voll und verbot mir für die nächsten drei Wochen aufs strengste zu fliegen. Da ich mich an drei verschiedene Orte an der Ostküste begeben mußte, nahm ich die Bahn.

Die amerikanischen Eisenbahnen vermitteln uns ein Bild von der Welt, wie sie nach einem Atomkrieg sein könnte. Nicht daß die Züge nicht abfahren würden, aber oft kommen sie nicht an, bleiben unterwegs liegen, lassen einen mit sechs Stunden Verspätung auf riesigen, eiskalten, leeren Bahnhöfen warten, auf Bahnhöfen ohne Bar, bewohnt von zwielichtigen Typen und durchzogen von unterirdischen Gängen, die an die New Yorker Subway in ›Rückkehr zum Planet der Affen‹ erinnern. Auf der Linie von New York nach Washington, wo Journalisten und Senatoren reisen, wird einem, zumindest in der ersten Klasse, noch der Komfort einer Business Class geboten, mit einer warmen Mahlzeit auf dem Niveau eines Mensaessens. Aber auf anderen Linien sind die Wagen total verdreckt, die Kunstledersitze aufgeschlitzt, und die Angebote der Bars lassen einen – und hier wird es wieder heißen, ich übertriebe – dem recycelten Sägemehl nachtrauern, das in unseren italienischen Vorortzügen serviert wird.

Wir sehen uns bunte Filme an, in denen ruchlose Verbrechen in luxuriösen Schlafwagen begangen werden, angestachelt von wunderschönen weißen Blondinen, denen Champagner von schwarzen Kellnern serviert wird, die direkt aus ›Vom Winde verweht‹ entsprungen scheinen. Falsch. In Wirklichkeit sitzen in amerikanischen Zügen schwarze Fahrgäste, die direkt aus der ›Nacht der lebenden Toten‹ zu kommen scheinen, und die weißen Schaffner staksen angeekelt durch Gänge voller Gepäckstücke zwischen Coladosen und zerknüllten Zeitungen, deren Seiten von Thunfischpaste verklebt sind, die aus den Sandwiches herausgespritzt kommt, wenn man einen glühendheißen Plastikbehälter öffnet, der von hochgefährlichen, für das genetische Erbe überaus schädlichen Mikrowellen erhitzt worden ist.

Die Eisenbahn ist in Amerika keine freie Wahl, sondern eine Strafe. Eine Strafe dafür, daß man es versäumt hat, Max Webers Darlegungen über ›Die protestantische Ethik und den Geist des Kapitalismus‹ zu lesen, um statt dessen unkorrekterweise arm zu bleiben. Doch die letzte Parole der »Liberalen« ist die »Political Correctness« (PC, soll heißen: Die Sprache darf nicht auf die Unterschiede hinweisen). Und so sind die Schaffner überaus freundlich auch noch zu den wildesten Zottelbärten (natürlich müßte ich sagen: den »nicht banal Rasierten«). Auf der Pennsylvania Station in New York lungern auch die sogenannten »Nicht-Reisenden« herum, die zerstreute Blicke auf das Gepäck anderer Leute werfen. Aber die Polemiken über die Brutalität der Polizei von Los Angeles sind noch frisch in Erinnerung, und New York ist eine politisch korrekte Stadt. Der irischstämmige Polizist nähert sich dem mutmaßlichen Stadtstreicher und fragt ihn lächelnd, wie in aller Welt es komme, daß er sich hier befinde. Der Angesprochene beruft sich auf die Menschenrechte, der Polizist bemerkt in seraphischem Ton, daß draußen ein herrlicher Tag sei, und geht wiegenden Schrittes davon, seinen langen Gummiknüppel schwingen (nicht kreisen) lassend.

Viele der Ärmsten sind zudem, da es ihnen nicht einmal gelingt, auf diesen höchsten Ausdruck der Deklassierung zu verzichten, auch noch Raucher. Wer den Versuch macht, sich in den einzigen Raucherwaggon des Zuges zu setzen, findet sich unversehens in die ›Dreigroschenoper‹ versetzt. Ich war der einzige Reisende mit Krawatte. Sonst nur katatonische Freaks, schnarchende, mit offenem Mund schlafende Tramps, komatöse Zombies. Der Raucherwaggon war der letzte des Zuges, weshalb dieser ganze Haufen Verstoßener sich bei der Ankunft über hundert Meter weit in der für Jerry Lewis typischen Gangart dahinschleppen mußte.

Dem ferroviären Inferno entronnen, in saubere Kleider gehüllt, saß ich abends beim Dinner im feinen Salon eines Faculty Club zwischen gutgekleideten Professoren mit gepflegter Sprache. Am Ende fragte ich, ob man hier irgendwo rauchen könne. Ein Moment Schweigen und verlegenes Lächeln, dann machte jemand die Türen zu, eine Dame zog ein Päckchen Zigaretten aus der Handtasche, andere plünderten meines. Komplizenhafte Blicke, unterdrücktes Glucksen wie im Dunkel eines Striptease-Lokals. Es waren zehn Minuten wonnevoller, zitternd genossener Übertretung. Ich war Luzifer, ich kam aus der Welt der Finsternis und leuchtete ihnen mit der Fackel der Sünde.

Mailand-Bologna, ein Irrer fährt auf der Autobahn

In eineinhalb Stunden habe ich die drei Kilometer vom Beginn der Autobahn Mailand-Bologna bis zur Mautstation zurückgelegt. Ich habe nachgedacht. Es war meine Schuld. Jetzt weiß ich, daß man nicht mit dem Auto fahren darf, die Bahn tut's sehr gut. Nur weil ich drei große Kartons mit Büchern zu transportieren hatte, habe ich das Abenteuer gewagt. Ich hätte die Kartons bloß zur Post zu bringen brauchen und wäre billiger weggekommen. Aber nachdem ich seit zwei Jahren nicht mehr auf einer Autobahn gefahren war, hatte ich Lust bekommen, noch einmal zu erleben, wie es ist, wenn man beschleunigt. Ich Idiot.

Wenn alle Zugang zu den erlesenen Gütern haben, kann keiner sie mehr genießen. Früher konnten nur Thomas Manns hochgebildete Kunstgeschichtsprofessoren nach Venedig reisen. Heute können alle hin, aber sie finden ein ungenießbares Venedig vor. Es ist wie bei der Einrichtung von Fußgängerzonen in den historischen Stadtzentren: Wie dumm waren die Ladenbesitzer, die fürchteten, es werde niemand mehr kommen. Alle kommen. Aber kaum ist das Zentrum zur Fußgängerzone gemacht worden, kommen auch die Massen aus den Vorstädten, die Boutiquen weichen den Jeans-Läden, die Nobelstraßen werden zu Junkfoodmeilen, die Via del Corso wird zur Borgata, und am Kudamm verkauft man Plastikunterwäsche.

Die sozialen Klasseneinteilungen sind mobil und elastisch. Heute findet man die Armen auf der Via Montenapoleone und an der Spanischen Treppe. Und wo findet man die Reichen? Tja, das weiß man immer erst hinterher.

Seit zwei Jahren bin ich nicht mehr auf der Autobahn gewesen, weil mir in den letzten beiden Jahren dreimal das Auto gestohlen worden ist. Da ich es nicht benutze, lasse ich's in der Garage, aber dreimal habe ich es vor dem Haus stehen lassen, und dreimal ist es mir gestohlen worden. Wer sich den Luxus eines Autos erlauben kann, darf es nicht benutzen.

Ich frage mich, ob man nichts gegen den Autodiebstahl tun kann. Heutzutage haben die Autos doch allerlei elektronische Teufeleien. Für zwei- bis dreihunderttausend Lire kriegt man elektronische Westentaschen-Adreßbücher mit Codewort. Ich verstehe nichts davon, aber ich denke, es müßte doch möglich sein, Autos zu konstruieren, die nur mit einem Codewort starten.

Einmal hatte der Dieb in Ermangelung des Schlüssels einfach zwei Drähte verbunden, und da war der Motor angesprungen. Aber ich denke, es gibt ein System, bei dem sich das Auto, auch wenn man die Drähte verbindet, nicht in Bewegung setzt, wenn man nicht das richtige Codewort eingibt.

Und was, wenn du dann das Codewort vergißt? Na, das ist, wie wenn du die Schlüssel verlierst. Und wenn das elektronische System versagt? Na, wie wenn der Keilriemen reißt. Laß den Wagen stehen und ruf die Werkstatt an. Aber werden die Autodiebe nicht ein System finden, um den Code zu knacken? Sicher, aber dazu braucht man ein Diplom in Informatik, und das reduziert die Anzahl der Autodiebe um 90 Prozent. Und wenn du die Alzheimerkrankheit kriegst und alles vergißt, inklusive Codewort? Mal abgesehen davon, daß dir dann besser der Führerschein entzogen werden sollte, kannst du's dir ja auf den Hintern tätowieren lassen.

Wenn du dann ins Auto steigst und die Hose runterläßt, übermittelt ein hochempfindliches System von multiplen Spiegeln das Codewort an die Zentrale, diese wandelt die Daten in Laute um, und eine sanfte Stimme sagt dir: »Ihr Codewort ist Engelbert Humperdinck.«

Ich weiß schon, jetzt wird ein Mailänder Informatikprofessor, der bereits traurige Berühmtheit mit solchen Interventionen erlangt hat, gleich wieder einen Artikel schreiben, um mir zu signalisieren, daß ich falsch liege, denn es sei schwierig, ein computerisiertes System zu finden, das ein Codewort mit mehr als sieben Buchstaben akzeptiert.

Okay, sollte auch nur ein Scherz sein, und ich bin bereit, das tschechische Wort für »Speiseeis« als Codewort zu nehmen, nämlich »zmrzlina«. Wie meinen, Herr Professor? Das sind nicht sieben, sondern acht Buchstaben? Tzz, tzz, schon wieder falsch.

Aber jetzt, wo die Mautstelle näher kommt, gerate ich in die Krise: Wenn es keinem mehr gelingt, die Autos zu stehlen, werden alle nicht gestohlenen Autos weiter ihre Parkplätze okkupieren. Das wäre fast so, wie wenn alle Studenten, die an der Universität eingeschrieben sind, eines Tages gemeinsam zur Vorlesung kämen. Von wegen Studentenstreik! Wenn niemand mehr die Autos klauen würde, wäre die Stadt bald verstopft. Die Autodiebe fördern die Zirkulation, sie schaffen die Autos aus den überfüllten Zentren hinaus auf die Landstraßen. Autodiebe sind Verkehrsberuhiger.

Ein elektronisches Gerät, das den Autodiebstahl verhindert, würde zur Verstopfung der Stadtzentren, zum Ruin der Versicherungsgesellschaften, zur Kurzarbeit in den großen Automobilwerken führen. Vergiß es.

Wer hat Proust, Flaubert und all die anderen abgelehnt?

Ich bin vielleicht etwas schwer von Begriff, aber ich sehe wirklich nicht ein, wieso jemand dreißig Seiten braucht, um zu beschreiben, wie er sich im Bett hin und her wälzt, ehe er einschläft.« Mit dieser Begründung hatte ein Gutachter des Verlegers Ollendorff Prousts ›Suche nach der verlorenen Zeit‹ abgelehnt. Das strenge Verdikt findet sich in einer höchst amüsanten Blütenlese aus Verlagsgutachten und Ablehnungsbriefen, die der amerikanische Verlagslektor André Bernard unter dem Titel ›Rotten Rejections‹ (›Verfallene Ablehnungen‹) für die Pushcart Press zusammengestellt hat.

Das Bändchen nennt Autor, Titel und Datum, nicht aber den Namen des Verlags, der das Manuskript abgelehnt hat. Es enthält jedoch vorn eine Liste der vorkommenden Verlage, und da finden sich wirklich alle, von »Faber & Faber« bis »Doubleday«, vom ›New Yorker‹ bis zur ›Revue de Paris‹. Im Jahre 1851 wurde Melvilles ›Moby Dick‹ in England mit folgender Begründung abgelehnt: »Wir glauben nicht, daß es sich für den Jugendbuchmarkt eignet. Es ist sehr lang, ziemlich altmodisch und verdient in unseren Augen nicht den Ruf, den es zu genießen scheint.« Flaubert bekam 1856 seine ›Madame Bovary‹ mit folgenden Worten zurück: »Sie haben Ihren Roman unter einem Haufen Details begraben, die zwar alle gut geschildert, aber vollkommen überflüssig sind.« Über Emily Dickinsons ersten Gedichtband hieß es 1862: »Fragwürdig; die Reime sind alle falsch.«

Einige Beispiele aus unserem Jahrhundert. Über Colette, ›Claudine in der Schule‹, 1900: »Keine 10 Exemplare wären davon zu verkaufen.« Henry James, ›Die heilige Quelle‹, 1901: »Geht entschieden auf die Nerven ... Unlesbar!« Max Beerbohm, ›Zuleika Dobson‹, 1911: »Glaube nicht, daß uns das interessiert. Der Autor wird von sich selbst mehr geschätzt als von jedem anderen und hat in seiner literarischen Arbeit nie ein höheres Niveau erreicht.« Ezra Pound, ›Portrait d'une femme‹, 1912: »Die erste Zeile enthält zu viele ›r‹s.« James Joyce, ›Porträt des Künstlers als junger Mann‹, 1916: »Am Ende des Buches fällt alles auseinander; sowohl das Schreiben wie die Gedanken explodieren in feuchte Fragmente, wie naß gewordenes Feuerwerkspulver.« F. Scott Fitzgerald, ›Diesseits des Paradieses‹, 1920: »Die Geschichte gelangt zu keiner Konklusion, weder die Karriere noch der Charakter des Helden werden an einen Punkt gebracht, der ein Ende rechtfertigt.« Faulkner, ›Die Freistatt‹, 1931: »Guter

Gott, ich kann das nicht veröffentlichen. Wir würden beide im Gefängnis landen.« George Orwell, ›Die Farm der Tiere‹, 1945: »Tiergeschichten lassen sich in den USA nicht verkaufen.« Über Becketts ›Molloy‹, 1951: »Es ist sinnlos, an eine Veröffentlichung zu denken; der schlechte Geschmack des amerikanischen Publikums stimmt nicht mit dem schlechten Geschmack der französischen Avantgarde überein.« Zum ›Tagebuch der Anne Frank‹, 1952: »Das Mädchen hat, scheint mir, keine besondere Wahrnehmung oder Gefühlstiefe, die das Buch über die Stufe der bloßen ›Kuriosität‹ heben würde.« William Golding, ›Der Herr der Fliegen‹, 1954: »Wir haben nicht den Eindruck, daß Ihnen die Ausarbeitung einer zugegeben vielversprechenden Idee voll gelungen ist.« Nabokov, ›Lolita‹, 1955: »Das sollte einem Psychoanalytiker erzählt werden, und ist es vermutlich auch, und dann ist es zu einem Roman ausgearbeitet worden, der zwar einige wundervoll geschriebene Stellen enthält, aber von überwältigender Langeweile ist, sogar für einen aufgeklärten Freudianer ... Ich empfehle, es für tausend Jahre unter einem Stein zu begraben.« Malcolm Lowry, ›Unter dem Vulkan‹, 1947: »Die Rückblenden ins frühere Leben der Figuren und die früheren und gegenwärtigen Gedanken und Gefühle sind oft langweilig und nicht überzeugend ... Das Buch ist viel zu lang für seinen Inhalt.« Joseph Heller, ›Catch-22‹, 1961: »Ich habe wirklich nicht die blasseste Ahnung, was der Mann sagen will. Es geht um eine Gruppe von amerikanischen Offizieren in Italien, die kreuzweise mit ihren Frauen und mit italienischen Prostituierten schlafen (aber ohne daß es irgendwie knistert) und dummes Zeug miteinander reden. Der Autor will anscheinend komisch sein, womöglich gar satirisch, aber das ist wirklich auf keiner intellektuellen Ebene komisch. Er hat zwei Tricks, beide schlecht, die er immerzu anwendet ... Eine endlose und durch nichts gemilderte Langeweile.«

Noch ein paar Beispiele aus der »populären« Literatur. H. G. Wells, ›Die Zeitmaschine‹, 1895: »Nicht interessant genug für den allgemeinen Leser und nicht gründlich genug für den wissenschaftlichen.« ›Der Krieg der Welten‹ vom selben Autor, 1898: »Ein endloser Alptraum. Ich glaube nicht, daß das funktioniert. Man wird sagen: Um Gotteswillen, lesen Sie dieses scheußliche Buch nicht!« Pearl S. Buck, ›Die gute Erde‹, 1931: »Tut mir leid, aber das amerikanische Publikum ist in keiner Weise an China interessiert.« Schließlich noch John Le Carré, ›Der Spion, der aus der Kälte kam‹, 1963: »Geben wir ihm den Laufpaß. Le Carré hat keine Zukunft.«

Mit Proust auf ein Neues und Molly in Casablanca

Vor einiger Zeit ist bei uns ein Roman namens ›Monsieur Bovary‹ auf den Markt gekommen, in dem erzählt wird, wie es Charles nach Emmas Tod ergangen ist, und ›Scarlett‹, die Fortsetzung von ›Vom Winde verweht‹, feiert weltweit Triumphe. Hier schlage ich noch ein paar weitere mögliche Fortsetzungen vor.

Marcel wer? Nachdem er sein Werk im Zeichen der wiedergefundenen Zeit beendet hat, beschließt Prousts Erzähler, von Asthma geplagt, einen Allergologen an der Côte d'Azur aufzusuchen, wohin er sich im Automobil begibt. Am Steuer ungeübt, holt er sich bei einem schlimmen Unfall eine Gehirnerschütterung mit fast totalem Gedächtnisverlust. Er wird von Aleksandr Lurija in Pflege genommen, der ihm rät, die Technik des inneren Monologs zu entwickeln. Da Marcel kein Erinnerungsvermögen mehr hat, aus dem heraus er Monologe entwickeln könnte, und nur mit Mühe die aktuellen Wahrnehmungen unterscheiden kann, rät ihm Lurija, sich an die inneren Monologe in Joyce's ›Ulysses‹ zu halten. Marcel liest den unerträglichen Roman und rekonstruiert sich ein fiktives Ich, indem er sich zu erinnern beginnt, wann ihn seine Großmutter im College von Conglowes Wood besuchen kam. Er erwirbt sich ein subtiles Synästhesievermögen zurück, und der bloße Geruch von Hammelfett eines »shepherd pie« erinnert ihn an die Bäume im Phoenix Park und an den Turm der Kirche von Chapelizod. Er stirbt Guinness trinkend in Eccles Street.

Molly. Am Morgen des 17. Juni 1904 aus ihrem unruhigen Schlaf erwacht, findet Molly Bloom in der Küche Stephen Dedalus, wie er sich gerade einen Kaffee macht. Leopold Bloom ist ausgegangen, um seinen ungewissen Geschäften nachzugehen, und vielleicht hat er die beiden einander absichtlich von Angesicht zu Angesicht begegnen lassen. Mollys Gesicht ist vom Schlaf aufgedunsen, aber Stephen ist sofort von ihr entzückt und sieht in ihr eine wunderbare Walfisch-Frau. Er rezitiert ihr ein paar Groschen-Gedichte, und Molly fällt ihm in die Arme. Sie beschließen, zusammen nach Pola zu fliehen und von dort nach Triest, wo Italo Svevo Stephen den Rat gibt, seine Geschichte aufzuschreiben, was die ehrgeizige Molly sehr gut findet.

Im Laufe der Jahre schreibt Stephen einen monumentalen Roman namens ›Telemach‹. Als er die letzte Seite fertig hat, läßt er das Manuskript auf dem Tisch liegen und flieht mit Sylvia Beach. Molly findet das Manuskript, vertieft sich darein und findet sich exakt an dem Punkt wieder, von dem sie ausgegangen war: wie sie sich in der Nacht vom 16. zum 17. Juni 1904 in Dublin unruhig in ihrem Bett wälzt. Wutschnaubend verfolgt sie Stephen bis nach Paris und streckt ihn in der Rue du Dragon vor der Buchhandlung Shakespeare & Company mit drei Pistolenschüssen nieder, wozu sie »Yes, yes, yes!« ruft. Anschließend begibt sie sich auf die Flucht, gelangt irrtümlich in einen Comic von Daniele Panebarco und entdeckt Leopold Bloom in ihrem Bett, wo er es – gleichzeitig – mit Anna Livia Plurabelle, Lenin, Sam Spade und Vanna Marchi treibt. Erschüttert bringt sie sich um.

Noch einmal Sam. Wien, 1950. Zwanzig Jahre sind vergangen, doch Sam Spade hat seine Suche nach dem Malteser Falken nicht aufgegeben. Sein Kontaktmann ist jetzt Harry Lime, und die beiden treffen sich zu einem Gespräch im Riesenrad auf dem Prater. »Ich habe eine Spur gefunden«, sagt Lime. Sie steigen aus und begeben sich ins Café Mozart, wo ein schwarzer Zitherspieler in einer Ecke »Smoke gets in your eyes« spielt. Am hintersten Tisch, eine Zigarette im Mundwinkel, die Lippen zu einer bitteren Miene verzogen, sitzt Rick. Er hat einen Hinweis in den Papieren gefunden, die ihm Ugarte gezeigt hatte, und hält nun Sam Spade ein Foto von Ugarte hin. »Cairo!« murmelt der Detektiv. »Ich habe ihn als Peter Lorre gekannt«, feixt Lime.

Rick fährt fort: In Paris, als er im Gefolge von de Gaulle triumphalen Einzug gehalten hatte, habe er von einer amerikanischen Spionin erfahren, die vom CIA aus Saint Quentin befreit und auf die Spur des Falken gesetzt worden sei. Es heiße, sie habe Victor Laszlo damals in Lissabon ermordet. Sie müsse jeden Moment eintreffen. Die Tür geht auf, und es erscheint die Gestalt einer Frau. »Ilsa!« ruft Rick. »Brigid!« ruft Spade. »Anna Schmidt!« ruft Lime. »Miss Scarlett!« ruft der schwarze Zitherspieler. »Sie sind zurückgekommen. Tun Sie meinem Boß nicht wieder weh!« Die Frau sagt mit einem undefinierbaren Lächeln: »Ich bin die, für die man mich hält ... Und was den Falken betrifft ...« – »Ja? Was?« rufen alle im Chor. »Was den Falken betrifft«, sagt die faszinierende Abenteurerin noch einmal, »es war kein Falke. Es war ein Bussard.«

»Wieder reingelegt«, knurrt Spade mit zusammengebissenen Zähnen. »Gib mir die hundert Dollar zurück«, sagt Harry Lime, »du rätst wirklich nie was!« »Einen Cognac!« sagt Rick mit erdfahler Miene. Aus dem Halbdunkel der Bar löst sich die Gestalt eines Mannes mit einem sarkastischen Lächeln auf den Lippen. Es ist Capitaine Renault. »Gehen wir, Molly«, sagt er zu der Frau. »Die Typen vom Deuxième Bureau erwarten uns in Combray.«

Pokerspiel mit dem Sein

Neulich habe ich an einer Talkshow über die Rolle der Philosophie teilgenommen, in der sich nach einer Weile zwei Positionen gegenüberzustehen schienen. Auf der einen Seite Salvatore Veca, der die Ansicht vertritt, daß die Philosophie einige Grundprobleme, wie die Definition der Gerechtigkeit, auf vernünftige Weise, wenn nicht nach den Kriterien einer absoluten Vernunft zu lösen vermag. Auf der anderen Gianni Vattimo, der, während er erneut sein Konzept des »schwachen Denkens« darlegte, die Befürchtung äußerte, daß man der Philosophie noch immer zu viele Pflichten aufbürden wolle. Meines Erachtens war die Debatte weniger radikal, als es schien.

Während ich dieses schreibe, findet in San Marino ein Kongreß über Willard Van Orman Quine statt. Quine ist ein Philosoph, der die Begriffe »wahr« und »falsch« benutzt und fest daran glaubt, daß es Hinweise aus der Außenwelt gibt, anhand derer wir uns darauf einigen können zu sagen, daß etwas Bestimmtes gerade geschieht oder nicht geschieht. Andererseits hat er jedoch dazu beigetragen, einen Erkenntnisbegriff zu formulieren, nach dem etwas wahr oder falsch nur in bezug auf die Art ist, wie eine gegebene

Kultur die Welt organisiert. Ist dies nun ein starker oder ein schwacher Gedanke?

Nehmen wir an, zwei Brüder haben von ihrem Vater ein Kartenspiel geerbt, und er hat ihnen nur das Pokern beigebracht. Sie denken, die Karten seien nur zum Pokern da, beziehungsweise die Regeln des Pokerspiels seien die einzigen, die der Welt der Spielkarten einen Sinn gäben. Dann entdecken sie eines Tages, daß man mit denselben Karten auch Bridge und Rommé und zahllose andere Spiele spielen kann, auch solche, die man allein spielt.

Krise! Sie hatten gedacht, auf der einen Seite gebe es die Welt (das heißt die Karten) und auf der anderen eine Vernunft, die sie erklärt (das Pokerspiel), und nun entdecken sie, daß den Elementen der Welt und ihren Kombinationen unzählig viele verschiedene Werte zugeschrieben werden können, je nachdem, welches System man zu ihrer Definition heranzieht. Es gibt keine Regel mehr, weil es zu viele Regeln gibt. Die Welt der Karten erscheint ihnen plötzlich als ein sinnloses Universum.

Ich denke, unsere zwei Brüder müßten sich zumindest über zwei Dinge einigen können. Erstens könnten sie den allgemeinen Mechanismus der Karten studieren, um herauszufinden, warum sich aus dieser kombinatorischen Matrix verschiedene Regelsysteme gewinnen lassen. Gewiß würde es ihnen nicht gelingen, alle je denkbaren Spiele vorauszusagen, da sie immer noch zu wenig von den Karten und ihren Möglichkeiten wissen. Aber sie würden zumindest begreifen, daß, selbst wenn mit den Karten noch viele andere, auch idiotische Spiele gespielt werden können, es doch immerhin Spiele gibt, die *nicht* mit ihnen gespielt werden können, wie zum Beispiel Schach oder Tennis. Die Spielkarten sind eine Welt, die nicht mit einer einzigen optimalen Philosophie oder Wissenschaft interpretiert werden kann, aber sie liegen vor uns, um uns daran zu erinnern, daß wir mit ihnen nicht alles machen können, was wir wollen.

Zweitens könnten unsere beiden Brüder begreifen, daß es ein Kriterium der Vernünftigkeit gibt (die in gewisser Weise auf der Funktionsweise unseres Gehirns beruht oder, einfacher ausgedrückt, auf dem gesunden Menschenverstand), anhand dessen man sich, um ein beliebiges Spiel zu spielen, zunächst auf die Regeln einigen muß, die man dabei befolgen will, wenigstens für ein bis zwei Stunden.

Wenn sie mit dem Pokern anfangen, müssen sie nach den Regeln des Pokerns fortfahren. Wenn sie die Regeln des Pokerspiels akzeptieren, und der eine legt drei Asse hin, dann kann der andere nicht das vierte hervorziehen und sich die drei damit holen, denn in diesem Fall würde er nicht mehr Poker spielen, sondern Rubamazzo. Sicher könnte er, wenn er das täte, damit sagen wollen, daß es nun an der Zeit sei, mit dem Kartenspielen aufzuhören, aber auch durch die Bekundung einer so revolutionären Absicht hätte er wieder eine eigene Regel aufgestellt, und es wäre vernünftig, wenn der andere ihn daraufhin seelenruhig den Spielverderber spielen ließe. Freilich könnte der andere die spielverderberische Geste auch als eine schöne theatralische Übung beklatschen. Oder er könnte beschließen, daß es nun für beide an der Zeit sei, sich einen schönen Rausch anzutrinken. Aber selbst im Falle einer so eskapistischen Entscheidung müßten die beiden erst noch beschließen, wie sie vorgehen wollen, um sich den nötigen Wein so rasch und so preiswert wie möglich zu beschaffen.

Ein vernünftiger Gedanke ist bescheidener als einer, der sich auf absolute Gewißheiten gründet. Er erlaubt eine kluge, umsichtige Philosophie, die bereit ist, über die Regeln des Redens und Handelns zu verhandeln, in einem Universum, das uns, so schwach und ungeordnet es sein mag, gleichwohl lehrt, daß bestimmte Dinge gesagt werden können und andere nicht. Ich finde diesen Gedanken ziemlich stark, auch wenn er nicht gerade ein Rambo-Gedanke ist.

Mein lieber Interviewer, ich bin nicht der, den du suchst

Stellen Sie sich vor, Sie befinden sich in einer jener Straßen, in denen die Autos die Fußwege zuparken, umtost vom dichtesten Stoßverkehr, und ein Interviewer fragt Sie, während er keuchend Abgase aushustet: »Und was halten Sie von dieser Sache, von der heute so viel geredet wird, daß die Leute immer weniger Auto fahren?« Es würde Ihnen so gehen wie mir, wenn ich – sei's auf internationalen Buchmessen, während einer Diskussion über die Zukunft des Buches, bei der die Hälfte der Zuhörer nicht mehr in den überfüllten Saal hineinkommt, oder vor einem Buchkaufhaus voller Jugendlicher – vor die kanonische Frage gestellt werde: »Was halten Sie von der Krise des Buches, das heute von anderen Kommunikationsmitteln verdrängt wird?«

Das klingt mir zwar sehr nach einem »Und sie bewegt sich doch nicht« in eindeutig antigalileischem Geist, aber da ich mich weigere, dem so Fragenden Böswilligkeit zu unterstellen, und mir sage, daß er wohl nur ein bißchen langsam in seinen Reflexen ist, versuche ich ihn zur Vernunft zu bringen. Sehen Sie, sage ich zu ihm, es gibt eine unbestreitbare Tatsache, nämlich daß wir in einer

Zeit leben, in der mehr Bücher produziert und verkauft werden als in jedem anderen Jahrhundert, und das auch, wenn man das Verhältnis zwischen Buchproduktion und Weltbevölkerung in Rechnung stellt. Können wir diese statistische Gegebenheit wirklich ignorieren?

Hier hat der Frager (der eine blinde Obstination an den Tag legt, als ob ihm der Alte vom Berge unter Hypnose befohlen hätte, um jeden Preis Erklärungen über die Krise des Buches einzuholen) gewöhnlich zwei kanonische Einwände auf Lager. Der erste lautet: »Ja schon, es werden viele Bücher veröffentlicht, aber das sind zum größten Teil Kochbücher, Witzbücher, Gartenbücher und nicht solche, die mit Kultur zu tun haben.« Einmal abgesehen davon, daß auch viele sehr schöne, klassische Editionen der Renaissance die Hortikultur betrafen und daß es besser ist, ein gutes Gartenbuch als einen schlechten Roman zu lesen, weisen Sie nun den Frager mit großen Armbewegungen darauf hin, daß Sie bei Ihrem Gespräch von zahlreichen Klassikereditionen umgeben sind, von erschwinglichen Taschenbuchreihen voller Dostojewski, Stendhal, Goethe, und daß es doch irgendwen geben muß, der das alles kauft.

Der zweite kanonische Einwand ist nun, daß die Leute den Goethe zwar kaufen, aber nicht lesen, weil sie andauernd »fernsehengucken«. Wenn Sie darauf erwidern, daß es ja auch möglich sei, daß viele Leute sich einen Fernseher kaufen, ihn aber nicht einschalten, weil sie Goethe lesen, schaut Sie der Interviewer mit einem skeptischen Grinsen an. Er glaubt Ihnen nicht. Daraufhin fragen Sie ihn, ob er denn meine, da Sie Ihre Argumentation ja doch auf erhebliche statistische Größen stützen, daß die Welt tatsächlich von lauter Idioten bevölkert sei, die Geld ausgeben, um sich etwas zu kaufen, was sie dann nicht benützten. Daß es jedem passieren könne, sich ein Buch zu kaufen und es dann nicht zu lesen oder es nicht sofort zu lesen, sei normal, aber daß all die vielen Millionen Buchkäufer, besonders die jungen, immerzu Geld auf den Tisch blätterten, um dann nie zu lesen, scheine doch ein bißchen schwer zu glauben. Jedoch unser Interviewer glaubt es, er glaubte es schon vor dem Interview und wollte es nur bestätigt haben.

Hören Sie, sagen Sie zu ihm, meinen Sie nicht, daß in jenen seligen Zeiten, in denen ein Herzog sich für teures Geld eine illuminierte Handschrift der ›Göttlichen Komödie‹ anfertigen ließ, beste Aussichten dafür bestanden, daß er sie niemals las und sie nur haben wollte, um sie seinen Gästen zu zeigen, wogegen heute dem einen Herzog zehntausend, hunderttausend Leser gegenüberstehen, die sich eine Ausgabe der ›Göttlichen Komödie‹ kaufen, wobei wir doch wohl annehmen können, daß wenigstens tausend von ihnen ein bißchen darin herumschmökern, so daß wir, auch wenn man die Zunahme der Weltbevölkerung von damals bis heute mit einrechnet, immer noch wesentlich besser dastehen? An diesem Punkt greift der Interviewer zu seiner Geheimwaffe: Ja, sagt er, sie lesen, aber sie kapieren nicht, was sie lesen. Sie benutzen das Buch nur als Ware, ziehen aber keine geistige Nahrung aus ihm.

Ein anderes Argument, das einem auch gern entgegengehalten wird, ist das folgende: »Wissen Sie nicht, daß vor kurzem eine Umfrage unter Studenten der Universität X ergeben hat, daß Y Prozent nicht wußten, in welchem Jahrhundert Tasso gelebt hat?« Ich will es gern glauben, leider. Aber ich gebe zu bedenken, daß diese Studenten vor zwei Generationen noch Analphabeten gewesen wären, die den Boden pflügten. Die Zunahme der Alphabetisierung hat stets eine gewisse Dekompensation zur Folge, und die Universitäten sind paradoxerweise die ersten, die darunter leiden, aber nicht nur bei uns, sondern überall in der Welt. In den USA ist mir gerade von einem frisch diplomierten Absolventen einer Universität der Ivy League erzählt worden (also einer Eliteuniversität, bei der man für das Studium bezahlen muß), der nicht wußte, wer Edgar Allan Poe war. Je mehr Menschen lesen lernen, desto mehr wollen auch zu den höheren Bildungsstufen aufsteigen, und desto weiter deklassiert sich die Universität. Aber das ist eine Konsequenz der Verbreitung, nicht der Krise des Buches.

Mein Interviewer ist unzufrieden. Ich bin nicht der, den er gesucht hat. Er sieht sich forschend um und erspäht eine Dame mit trübsinniger und gedankenvoller Miene, die angewidert den Jugendlichen zuschaut, die in den Regalen wühlen. Vielleicht bekommt er von ihr die ersehnte Botschaft: Das Ende ist nah.

Bombennachricht:
Die Buchmesse ist in der Krise!

Auf der letzten Buchmesse in Frankfurt ist mir etwas Kurioses passiert. Ich war am Abend zuvor eingetroffen und ging am Morgen gleich zum Stand meines deutschen Verlags, bei dem gerade ein Buch mit Essays von mir erschienen war. Deswegen hatte man mich gebeten, nach Frankfurt zu kommen, um mit ein paar Journalisten zu reden, wie es in solchen Fällen üblich ist, und es war vereinbart, daß ich am Abend wieder abreisen würde.

Während ich am Stand im Gespräch mit den deutschen Journalisten war, schob sich ein Reporter des italienischen Fernsehens dazwischen und bat mich und seine örtlichen Kollegen, mir rasch drei Fragen stellen zu dürfen. Das Vaterland ist das Vaterland, die Bitte wurde gewährt, und der Mann stellte seine erste Frage: »Welchen Eindruck haben Sie von der diesjährigen Buchmesse? Was hat Sie enttäuscht?« Ich sagte, ich sei praktisch eben erst angekommen und hätte noch nichts gesehen, und ich würde auch leider nichts sehen können, weil ich gleich wieder weg müsse.

Die zweite Frage lautete: »Was haben Sie zu finden erwartet und haben es nicht gefunden?« In der Befürchtung, daß meine erste Antwort nicht ganz verstanden worden war, antwortete ich, daß ich nichts gesehen hatte, aber auch nichts Besonderes suchte und folglich weder überrascht noch enttäuscht sein konnte. Darauf kam die dritte Frage, welche, wie meine kleinen Leser gleich sagen werden, die Gefühle betraf, die ich angesichts des Niedergangs der Frankfurter Buchmesse empfände. Richtig geraten. Ich weiß nicht mehr, wie die Begegnung endete, ich sehe nur noch die trostlosen Mienen der umstehenden Italophonen vor mir.

War der betreffende Journalist ein Narr oder ein Verrückter? Sicher nicht, er war ein seriöser Profi, dem jedoch offensichtlich von seinem Chef der Auftrag erteilt worden war (oder der es von sich aus für seine Aufgabe hielt), um jeden Preis Neuigkeiten über die Krise der Buchmesse einzuholen. Warum? Schaut man die Zeitungen der letzten zwanzig Jahre durch, so sieht man, daß jedesmal, wenn die Buchmesse »ihre Tore öffnete«, das beherrschende Thema das ihrer Krise war. Jedes Jahr versammelt der Chefredakteur seine Mitarbeiter um sich und sagt: »Jungs, der Moment ist gekommen, dem Publikum zu enthüllen, daß sich auf der Frankfurter Buchmesse keine Meisterwerke mehr finden.« Sicher, ich habe auch ein oder zwei Artikel gelesen, in denen der Korrespondent sich bemühte herauszufinden, wie viele neue Verlage gegründet worden sind, wie sich die Verlage in Osteuropa neu organisiert haben, wie viele Verlage es in Indien gibt, lauter Dinge also, die sich auf einer internationalen Buchmesse besonders gut in Erfahrung bringen lassen. Aber im allgemeinen war das Bemühen ein anderes.

Nachdem sich in den sechziger Jahren die irrige Meinung eingeschlichen hatte, auf der Buchmesse würden die Bestseller und die Homers von morgen entdeckt, war dann, kaum daß man herausgefunden hatte (was allerdings Jahre dauerte), daß diese Hoffnungen nur in den Köpfen dilettantischer und verschwenderischer Verleger existierten, der Mythos vom Niedergang aufgekommen. Keiner überlegt sich, daß die Direktoren von Fiat oder Renault, wenn sie auf die internationalen Automessen gingen, um dort zu entdecken, daß es das Elektroauto gibt, allesamt entlassen werden müßten, weil sie, wenn sie etwas von ihrem Metier verstünden, solche Dinge längst wüßten. Auf Messen geht man, um sich ein Bild von den neuen Initiativen zu machen, um einen Überblick über die internationalen Aktivitäten zu bekommen, denn aus der Ferne und beim bloßen Durchblättern der Kataloge werden die Proportionen nicht deutlich, und um zu erfahren, was die kleineren Produzenten machen, die außerhalb des großen Kreislaufs der während des Jahres gepflegten internationalen Kontakte bleiben. Aber von wegen! Für die Journalisten geht man auf die Buchmesse, um entweder das unbekannte Meisterwerk oder nichts zu entdecken. Und da die unbekannten Meisterwerke nur einmal pro Jahrhundert erscheinen, muß eben die Messe in der Krise sein.

Die Krise der Buchmesse ist ein bißchen so etwas wie die alljährliche Diskussion über den Niedergang der Philosophie, über das Verschwinden der großen Meisterdenker, das Schweigen der Intellektuellen, das Ende des Romans oder den Sittenverfall. Das sind sichere Themen, denn sie sind bereits seit den Zeiten der alten Griechen im Umlauf (man weiß heutzutage, daß die große Krise bei den Vorsokratikern begann), und das Publikum begeistert sich dafür aufgrund einer Art von »genetischer Prägung«.

Präzisierungen für meine Leser

Danke, danke, liebe aufmerksame Leser. Seit ich geschrieben habe, daß ich keine Manuskripte lese, will mein Briefträger den Beruf wechseln. Ein schwedischer Leser hat mir einen Lachs geschickt. Andere schicken mir, einen Gedanken aufgreifend, den ich beiläufig habe fallen lassen, Abhandlungen über Metaphysik, fragen mich nach meiner Meinung über die hauptsächlichsten Weltsysteme oder erbitten Spezialbibliographien. Versuchen Sie mich zu verstehen, ich habe Familie.

Jemand hat mich getadelt, weil ich »areoporto« statt »aeroporto« geschrieben habe. Ich weiß gar nicht, ob ich es war oder der Setzer, unsere Wörterbücher behandeln den Fall unterschiedlich, der Zanichelli verurteilt die erste Form als falsch, der Devoto-Oli akzeptiert »areoplano« als umgangssprachlich. Die Lexika kennen ein »areometro« (Aräometer, Senkwaage), aber das kommt etymologisch von griechisch *araiós,* »dünn«, und ein Aeroport ist heute zu dicht bevölkert, um Areoport genannt zu werden. Einverstanden.

Zwei Leser haben mir geschrieben, ich dürfe nicht »Geova« oder »Jehova« sagen, um den Gott des Alten Testaments zu bezeichnen, es müsse

»Yahveh« oder »Jahwe« heißen, »Jehova« sagten nur die Zeugen desselben. Das ist Unsinn, die Wörterbücher führen »Geova« als geläufige Italianisierung von Jahwe. Im übrigen sind meine Leser nachlässig gewesen, denn auch »Jahwe« geht nicht gut, da im Hebräischen keine Vokale geschrieben werden, und die korrekte Wiedergabe wäre »Jhwh«, und zwar, bitte sehr, von rechts nach links geschrieben, also »Hwhj«. Ja, am besten werde ich beim nächsten Mal verlangen, daß der Name gefälligst so geschrieben wird, wie es sich gehört, nämlich

יהוה

Die getadelte Namensform »Geova« geht auf den Umstand zurück, daß die christlichen Kabbalisten »Jehovah« geschrieben hatten, wovon sich meine Leser durch einen kurzen Blick in zwei Bücher überzeugen können, die in ihrer Bibliothek nicht fehlen sollten, ich meine natürlich das ›Amphitheatrum sapientiae aeternae‹ von Heinrich Khunrath und die Abhandlung ›De arte cabalistica‹ von Johannes Reuchlin. Bei Khunrath (der die Form »Iehovah« benutzt) rate ich zur Ausgabe Hanau 1609, aber vor zehn Jahren ist in Mailand ein anastatischer Nachruck der französischen Übersetzung von 1900 erschienen, herausgegeben von Papus (den meine Leser eher unter seinem Familiennamen Dr. Encausse kennen werden).

Bei Reuchlin wäre es besser, auf die Ausgabe von 1517 zurückzugreifen, die ich momentan gerade nicht zur Hand habe, weil ich im Wartesaal eines Aeroports schreibe (man beachte die Wortform), wo ich nur, wie gewöhnlich, sein ›Liber de verbo mirifico‹ (Lugdunum 1552) bei mir habe. Es ginge darum, zu verifizieren, ob Reuchlin auch die Umschrift »Yhwh« akzeptiert, hat er doch die Schreibweisen »Yhhw, Ywhh, Hwhy, Hwyh, Hhyw, Whyh et cetera« übernommen, wie es vermutlich auch meine Leser tun werden, wenn sie die Kunst der Temurah praktizieren. Das Dumme ist nur, daß Reuchlin empfiehlt, auch den Buchstaben *Shin* in das Tetragramm einzuführen, dergestalt, daß der Name Gottes »Yhshw« wird und somit auch den Namen des Messias enthält. Das Problem ist komplex und die Frage umstritten, ich will nicht davon sprechen, was die Adepten der lurianischen Schule von Safed dazu sagen würden. Die Leser werden meine Zurückhaltung verstehen.

Auf jeden Fall (und nur für diesmal, wohlgemerkt) möchte ich meinen Briefpartnern einige leichte Ergänzungslektüren empfehlen. Beginnen könnten sie mit der schlanken ›Utriusque cosmi historia‹ von Robert Fludd, 1617–1619 (wie viele kostbare Funde man doch beim Wiederbesichtigen der eigenen Kindheitsbibliothek machen kann!), gefolgt vom ›Speculum sophicum rhodostauroticum‹ des liebenswerten Theophilus Schweighardt, erschienen 1618, dessen Inhalt sich so herrlich klar zusammengefaßt in der Einleitung findet, wo er schreibt: »mediante Haelohim, ich, Theophilus Schweighardt, centralleanicus seculi Benedicti praeco, et philosophiae divino magicae, physicochimicae, tertriunius-chatolicae D. G. promotor indignus, wünsche allen den jenigen welche gegenwertig mein Sopyspeculum oculis intelligentiae von Gott zu contempliren gewürdigt, Fried, Frewd und beständige Wollfahrt a patre luminum gloriosissimo, regnante in saecula«. (Ich bitte die Deutschlehrer, mir nicht zu schreiben, denn ich habe nur eine spätere Ausgabe vor Augen, die von gewissen Alchimisten des 18. Jahrhunderts reichlich entstellt worden ist.)

Mit diesen Angaben hoffe ich, die berechtigte Wißbegier meiner Leser befriedigt zu haben. Ich werde mich nicht mit weiteren Präzisierungen aufhalten, da mir die Chefredaktion des ›Espresso‹ geraten hat, mich bei dieser Kolumne in den Grenzen einer vernünftigen Volkstümlichkeit zu halten.

»*Des großen Meisters kleine Werke.*«

Brigitte

Was haben Derrick und sexuelle Repression miteinander zu tun? Umberto Eco verknüpft sie zu einer provozierenden und unterhaltsamen Geschichte der Alltagskultur, die er hier in seinen gesammelten Glossen zum Besten gibt. Nach dem großen Erfolg von Ecos *Baudolino* ein weiteres Buch des italienischen Bestsellerautors, das stundenlanges Lesevergnügen verspricht.

Aus dem Italienischen von Burkhart Kroeber
und Günter Memmert. 592 Seiten. Gebunden

www.hanser.de
HANSER

Umberto Eco im dtv

»Dass Umberto Eco ein Phänomen ersten Ranges ist, braucht man nicht mehr eigens zu betonen.«
Willi Winkler

Der Name der Rose
Roman · dtv 10551
Dass er in den Mauern der prächtigen Benediktinerabtei das Echo eines verschollenen Lachens hören würde, damit hat der Franziskanermönch William von Baskerville nicht gerechnet. Zusammen mit Adson von Melk, seinem jugendlichen Adlatus, ist er in einer höchst delikaten Mission unterwegs...

Nachschrift zum ›Namen der Rose‹
dtv 10552

Über Gott und die Welt
Essays und Glossen
dtv 10825

Über Spiegel und andere Phänomene
dtv 12924

Das Foucaultsche Pendel
Roman · dtv 11581
Drei Verlagslektoren stoßen auf ein geheimnisvolles Tempelritter-Dokument aus dem 14. Jahrhundert. Die Spötter stürzen sich in das gigantische Labyrinth der Geheimlehren und entwerfen selbst einen Weltverschwörungsplan. Doch da ist jemand, der sie ernst nimmt...

Platon im Striptease-Lokal
Parodien und Travestien
dtv 11759

Wie man mit einem Lachs verreist und andere nützliche Ratschläge
dtv 12039

Im Wald der Fiktionen
Sechs Streifzüge durch die Literatur
dtv 12287

Die Insel des vorigen Tages
Roman · dtv 12335

Vier moralische Schriften
dtv 12713

Gesammelte Streichholzbriefe
dtv 12970

Derrick oder die Leidenschaft für das Mittelmaß
Neue Streichholzbriefe
dtv 12988

Charles Bukowski im dtv

»Seine Sauf- und Liebesgeschichten enthalten mehr
Zärtlichkeit als alle glanzpolierten Liebesfilme zusammen.«
Frankfurter Rundschau

Ein Profi
Stories vom verschütteten
Leben
ISBN 3-423-**10188**-1

Hot Water Music
Erzählungen
ISBN 3-423-**11462**-2

Roter Mercedes
Gedichte
ISBN 3-423-**11780**-X

Jeder zahlt drauf
Stories
ISBN 3-423-**11991**-8

Ausgeträumt
Roman
ISBN 3-423-**12342**-7

**Das Schlimmste kommt
noch oder
Fast eine Jugend**
Roman
ISBN 3-423-**12386**-9

Faktotum
Roman
ISBN 3-423-**12387**-7

**Der Mann mit der
Ledertasche**
Roman
ISBN 3-423-**12388**-5

**Das Liebesleben der
Hyäne**
Roman
ISBN 3-423-**12389**-3

Hollywood
Roman
ISBN 3-423-**12390**-7

Pittsburgh Phil & Co.
Stories vom verschütteten
Leben
ISBN 3-423-**12391**-5

**Nicht mit sechzig, Honey
Gedichte vom südlichen
Ende der Couch**
ISBN 3-423-**12392**-3

Kamikaze-Träume
Gedichte
ISBN 3-423-**12510**-1

**Gedichte die einer schrieb
bevor er im 8. Stockwerk
aus dem Fenster sprang**
ISBN 3-423-**12578**-0

Flinke Killer
Gedichte
ISBN 3-423-**12698**-1

Giuseppe Culicchia im dtv

»Culicchia schreibt bissig, zynisch, sarkastisch, gemein,
stellenweise bösartig, mit einem Wort: Klasse!«
Freie Presse

Knapp daneben
dtv 12616

Das Leben kann ganz schön mühsam sein, wenn man 21 ist und Techno und Markenklamotten öde findet. Wenn man keine Freundin hat und überhaupt alles ständig knapp daneben geht... Mit seinem jugendlichen Antihelden Walter fängt Culicchia das Leben der heute Zwanzigjährigen mit unverwechselbarer Lakonie ein. Dabei wird niemand geschont, und es geht politisch höchst unkorrekt zu. »Ein Glücksfall für fröhliche Sommerlektüre.« (Der Spiegel)

Kommt gut
dtv 12617

Mittlerweile Mitte Zwanzig, hat Walter Karriere in einer Videothek gemacht. Sein Chef ist ein wandelndes Marketingwörterbuch, sein fettleibiger Kollege Mario redet nur davon, Profimodel zu werden, und auch mit den Frauen hat es Walter nicht leicht, gerät er doch an eine deutsche Vegetarierin mit einer Schwäche für italienische Gameshows... Die neuen Leiden des jungen Walter: eine witzige Schilderung des ganz normalen Alltagswahnsinns.

Bla Bla Bla
Roman · dtv 12803

Bla Bla Bla... das ständige Geplapper seiner Freundin und die nervtötende Dauerbeschallung im Einkaufszentrum werden ihm auf einmal zuviel. Nur noch abtauchen will er. Irgendwo in der Peripherie der fremden Stadt mietet er deshalb ein Zimmer und läßt sich fortan ohne Ziel treiben... Eindringlich und fesselnd erzählt Culicchia die Odyssee eines Aussteigers durch das Labyrinth einer Großstadt. »Culicchia ist ein Genie.« (Mitteldeutsche Zeitung)

Gabriel García Márquez im dtv

»Gabriel García Márquez zu lesen,
bedeutet Liebe auf den ersten Satz.«
Carlos Widmann in der ›Süddeutschen Zeitung‹

Laubsturm
Roman · dtv 1432

Der Herbst des Patriarchen
Roman · dtv 1537

Der Oberst hat niemand, der ihm schreibt
Roman · dtv 1601

Die böse Stunde
Roman · dtv 1717

Augen eines blauen Hundes
Erzählungen · dtv 10154

Hundert Jahre Einsamkeit
Roman · dtv 10249

Die Geiselnahme
dtv 10295

Das Leichenbegängnis der Großen Mama
Erzählungen · dtv 10880

Das Abenteuer des Miguel Littín
Illegal in Chile
dtv 12110

Die Erzählungen
dtv 12166

Die Liebe in den Zeiten der Cholera
Roman · dtv 12240

Von der Liebe und anderen Dämonen
Roman
dtv 12272 und
dtv großdruck 25133

Bericht eines Schiffbrüchigen
dtv 12884

Nachricht von einer Entführung
dtv 12897

Michael Ondaatje im dtv

»Das kann Ondaatje wie nur wenige andere:
den Dingen ihre Melodie entlocken.«
Michael Althen in der ›Süddeutschen Zeitung‹

In der Haut eines Löwen
Roman
dtv 11742
Kanada in den zwanziger und dreißiger Jahren. Ein Land im Aufbruch, wo mutige Männer und Frauen gefragt sind, die zupacken können und ihre Seele in die Haut eines Löwen gehüllt haben. »Ebenso spannend wie kompliziert, wunderbar leicht und höchst erotisch.«
(Wolfgang Höbel in der ›Süddeutschen Zeitung‹)

Der englische Patient
Roman · dtv 12131
1945, in den letzten Tagen des Krieges. Vier Menschen finden in einer toskanischen Villa Zuflucht. Im Zentrum steht der geheimnisvolle »englische Patient«, ein Flieger, der in Nordafrika abgeschossen wurde... »Ein exotischer, unerhört inspirierter Roman der Leidenschaft. Ich kenne kein Buch von ähnlicher Eleganz.«
(Richard Ford)

Buddy Boldens Blues
Roman
dtv 12333
Er war der beste, lauteste und meistgeliebte Jazzmusiker seiner Zeit: der Kornettist Buddy Bolden, der Mann, von dem es heißt, er habe den Jazz erfunden.

Es liegt in der Familie
dtv 12425
Die Roaring Twenties auf Ceylon. Erinnerungen an das exzentrische Leben, dem sich die Mitglieder der Großfamilie Ondaatje hingaben, eine trinkfreudige, lebenslustige Gesellschaft...

Die gesammelten Werke von Billy the Kid
dtv 12662
Die größte Legende des Wilden Westens – Liebhaber und Killer, ein halbes Kind noch und stets dem Tode nah: in ihm vereinigten sich die Romantik und die Gewalttätigkeit dieser Zeit.

Isaac B. Singer im dtv

»Ohne Leidenschaft gibt es keine Literatur.«
Isaac B. Singer

**Feinde, die Geschichte
einer Liebe**
Roman · dtv 1216

Das Landgut
Roman · dtv 1642
Kalman Jacobi, ein frommer Jude, pachtet 1863 ein Landgut in Polen und gerät mit seiner Familie in den Sog der neuen Zeit.

Das Erbe
Roman · dtv 10132
Kalman Jacobis Familie im Wirbel der politischen und sozialen Veränderungen der Jahrhundertwende.

Verloren in Amerika
Vom Schtetl in die
Neue Welt
dtv 10395

Die Familie Moschkat
Roman · dtv 10650

Old Love
Geschichten von der Liebe
dtv 10851

**Der Kabbalist vom
East Broadway**
Geschichten
dtv 11549

Der Tod des Methusalem
und andere Geschichten
vom Glück und Unglück
der Menschen
dtv 12312

Schoscha
Roman · dtv 12422
Eine Liebesgeschichte
aus dem Warschau der
dreißiger Jahre.

Meschugge
Roman · dtv 12522
Zwei Freunde und ihrer
beider Geliebte in New
York – Zufluchtsort vieler
europäischer Juden.

Das Visum
Roman · dtv 12738

Der König der Felder
Roman · dtv 12814
Mythenartig und humorvoll erzählt Singer von der Entstehung des polnischen Volkes.

Eine Kindheit in Warschau
dtv 12815

Ein Tag des Glücks
und andere Geschichten
von der Liebe
dtv 12820

Antonio Tabucchi im dtv

»Tabucchi läßt Reales und Imaginäres ineinanderfließen
und webt ein Gespinst von ›suspense‹,
in dem man sich beim Lesen gerne verfängt.«
Barbara von Becker in ›Die Zeit‹

Indisches Nachtstück
dtv 11952
Auf den Spuren eines Mannes, der auf geheimnisvolle Weise in Indien verschollen ist. Forscht der Autor nach seinem eigenen Ich oder nach einer wirklichen Person?

Der Rand des Horizonts
Roman · dtv 12302
In der Leichenhalle wird ein junger Mann eingeliefert, der bei einer Hausdurchsuchung erschossen wurde. Amateurdetektiv Spino will herausfinden, wer der Tote war ...

Erklärt Pereira
Eine Zeugenaussage
dtv 12424
Pereira, ein in die Jahre gekommener, politisch uninteressierter Lokalreporter, gerät unversehens auf die Seite des Widerstandes gegen Salazar ...

Kleine Mißverständnisse ohne Bedeutung
Erzählungen · dtv 12502

Lissabonner Requiem
Eine Halluzination
dtv 12614
Eine hinreißende Liebeserklärung an Lissabon, verfaßt von ihrem größten Bewunderer.

Der verschwundene Kopf des Damasceno Monteiro
Roman · dtv 12671
In einem Gebüsch findet man die Leiche eines jungen Mannes – ohne Kopf. Reporter Firmino wird nach Porto geschickt, um das Verbrechen aufzuklären ...

Träume von Träumen
Erzählungen
dtv 12806
Was träumt ein Dichter, wenn er die Träume anderer träumt? Tabucchi erfindet für seine Lieblinge aus Musik, Literatur und Geschichte die entsprechenden Traumgebilde.

Das Umkehrspiel
Erzählungen
dtv 12851